# 中国人留学生から見た日本

徐 徳明

東京図書出版

替えるようになるが故に、前後交替の間に、融通する契機が生まれるということを表している。

こうして新たな状態に置かれたお陰で、元来の状態における劣った所や優れた所などがはっきりと見えるようになる。教訓にしろ、経験にしろ、遅かれ早かれ、個人の富あるいは資源として、新たな状態を適用する機会が訪れるだろう。そして、新たな状態における仕事や勉強や生活のためになるに違いない。

人生において、この留学経験は如何に位置づけられるのかと聞かれると、上述したような「人の移動説」の論点が筆者の観点にほぼ合致したものだと受け止めてもらって構わない。その経験から得られたことは筆者自身のみならず、読者の皆様にも、参考になることと思う。

そうだとすれば、本書の作成は非常に有意義なことではなかろうか。これも本書の作成に着手する時の筆者の初心だと言ってもよかろう。筆者が留学を通じて得た見聞、考え、悟りなどが、日本語学習者を後押しすることに繋がれば、この上なく嬉しいことである。

また、日本研究に携わっている研究者に何らかの示唆を与えることができれば、何よりも幸いなことである。さらに、留学の歴史を研究している歴史学者が、当時の留学を取り巻く風潮及びその背景を調べる際、お役に立てていただければ、大変喜ばしいことである。そのほか、年代ごとに歴史的比較研究を行う際にも、本書を架け橋として、活用していただけたら、願ってもないことである。

本書は「70年代農村へ赴くように」という事件をもとにして、「洋挿隊」と揶揄された「日本への渡航」の段階の履歴を振り返ったり、締め括ったりするものだと思っていただいてよい。「古きをたずねて新しきを知る」と孔子が論語において指摘したように、過去を振り返り、現在を見直すことによって、「二の舞を演じる」という失敗を免れることができるのである。

取り敢えず、この冒頭は本書の「開幕挨拶」あるいは本書の「前書き」の一部だとしたつもりである。

一見すると、本書は多くの生の留学生活がばらばらに綴じられているもののように見えるかも知れない。しかし、それはきっとこの年代の留学概況及びその背景とされたものを把握するための史実を忠実に反映させ得るものだろうと思う。もしそれが歴史的な史料とされ得るならば、この上ない幸運なことである。

形式から見れば、それぞれの章は独立しているが、内容から見れば、一貫して本書の主旨が貫かれているために、ばらばらになったものをきちんとまとめることが可能であろう。主旨とは、簡単に言えば、「本書を通じて、筆者の留学経験やそこから得た多くの教訓を充分にご理解いただいたうえで、これまで犯した過ちや身につけた悪い癖など、広い意味で捉えた失敗が繰り返されないように」という願いのことを指して言う。

留学の道程において、見たり、聞いたりして体験した物事が感性的なものだとすれば、そうした見聞を踏まえて、感じたり、思ったり、悟ったりしたものは理性的なものだと言えるであろう。そういったものが、読者の皆様にとって何らかの形で役立つ日が来れば、筆者にとって、この上ない幸せである。

だが、見聞の広さと思惟の深さは限られているので、その広さにしろ、その深さにしろ、読者の皆様の期待に必ずしも応えられていないかも知れない。なお、筆者の不勉強により、誤った表現が使用されていたり、読みづらい箇所が散見されていたりする可能性もある。

よって、もしそういったことがあれば、何卒御勘弁いただきたい。

慰める気持ちか、あるいは感謝する意を表すために、筆者と、栄辱や悲喜などを共にして留学生活の日々を送っていた目下闘病中の愛妻（黄菊増）に、一服の精神ビタミン剤のようなものになるとよいと考え、この本を捧げることにしよう。

# 中国人留学生から見た日本 ❖ 目次

# 1　留学ブームの歴史的背景

１９７８年の年末から、改革開放政策が実施されたことをきっかけとして、中国において閉ざされていた海外への扉が再び開かれることになった。またそれまで遮断されていた外国との間での交流が行われるようになった。そのお陰で、物、金、人など多くの領域において、有無相通ずる関係を外国と結ぶことができるようになった。それを背景に、上海を始め、北京、広州、福州など、大陸の東側にある都市の人達は、留学を名目として、外国へ押し寄せていくという状況が生まれた。

特に近隣国である日本は留学先としては人気を集めていた。何故かと言うと、地理的に近い上に、文化的にも、共通点が多いからである。加えて、文化に関する影響力を拡大する目的で、「二十一世紀の初期までに十万人の留学生を受け入れるためのプロジェクト」が中曽根首相によって１９８３年に打ち出されたことも、日本が留学先として選ばれたことの理由の一つとして挙げられる。

そうした状況は、外国のことをその目で見ようとする留学志望の人々にとって願ってもない機会であった。その機会を逃さないように、筆者もその流れに乗ることにした。数年にわたって日本語を独学で学んでいたため、日本語を専攻したことがある人々にも負けない自信があった。もし留学先が日本だったら、勉強の上でも、生活の上でも、他の人と比べれば、比較的たやすいことだろうと思っていた。

しかし、率直に言えば、留学はただの口実にすぎず、真の目的は出稼ぎであった。というのも、その当時、日本と中国との収入格差は随分開いていたからである。その経済的な事情を背景に、「短期間の苦労で、お金持ちになる」という願いを抱えている人が少なくなかった。多くの若者がそうした願いを日本への出稼ぎに託したことは、その当時の若者達の心境の表れだったのだろう。

そのような状況の下で、上海淮海路にある日本総領事館に日本への留学申込が殺到した。こうして、毎日のように、領事館の前にはビザの申請を待つ留学希望者の長い列があった。申込書類の中で一番厄介なものは身元保証人の納税証明書などの書類だった。そういう書類の申し込みは言語学校側が資格を持っている日本人に任せておくことが一般的だった。そうしたこともあったが故に、身元保証人資料の需要と供給との間に繋がるパイプを敷く役を演じるブローカーまで生まれてしまった。

ところが、その頃、身元保証人書類に関しては、供給より、需要のほうがあまりにも大きかった。その供給を渋ったせいか、留学費用を全額払ってしまったとしても、ビザが取得できないということがしばしば発生した。そういった被害を受けた人達は、デモを行い総領事館に抗議し、「上海事件」にまで発展した。その結果、あと少しで両国の政府を巻き込む外交事件が発生する所にまで至った。こうした事件があったため、日本入国管理局は体制の上でも、手続きの上でもだんだん厳しくなっていったわけだ。

この一連の出来事において、一体需要が先にあるか、それとも供給が先にあるか、あるいは両者は並行しているか。どちらが先かは兎に角、ブローカーを仲買としたビザの発行申請に必要な書類の商売が登場したお陰で、日本に渡る夢は叶えられるようになった。ひょっとしたら、ブローカーの存在する価値はこうしたところにあるかも知れない。従って、まるで表裏をなすコインの両面と同じように、良いかどうかは一概に言えない。法律はさておき、確かに、そのブローカーの存在するお陰で、需要にせよ、供給にせよ、双方ともに利益を得るといったウィンウィンな局面を迎えたことになった。

「パスポートの申し込み、パスポートの発行待ち、また、ビザの申し込み、ビザの発行待ち」というふうに、首を長くして待ちくたびれた日々は本当に気を揉んだ毎日だった。とはいえ、海外へ渡航する万里の旅のみならず、旅のための支度も同じくいい勉強になるものだ。パスポートの申し込みにせよ、ビザの申し込みにせよ、留学と関わる手続きの全ては筆者にとっては初体験だった。その上、留学先と関連がある情報の収集にも気を配る必要があった。その支度の全過程においては、探りながら、前進していたので、その意味では、絶えず勉強し続ける社会実践コースだと言ってもよいであろう。それだけに、身をもって習得したものは一層印象深い。

# 2　日本に初めて着いた時の印象

1980年代後半のある日、雲一つない晴天であった。多くの友達が虹橋空港の玄関まで送ってくれた。初出国なので、これから待ち受けるであろう様々な困難を想像すると、不安で胸が押しつぶされそうだった。でも、ある意味では、未来に対する不安が大きいからこそ、却って未来に対する期待あるいは憧れも大きくなるのかも知れない。我々人間は不安と期待が複雑に入り交じる心境のジレンマに陥ることがよくあるのではないだろうか。

「一衣帯水」と喩えられた通りに、飛行機に乗ったばかりなのに、あっという間に成田空港に着陸した。空港に着いてまず目に入った建物は待合室のあるビルだった。上海の虹橋空港のそれと比べ、そのスケールの大きさと立派さは、中国一の大都会出身である私でも非常に驚くほどだった。入国手続きはスムーズに済んだ。カウンターを抜けたその瞬間、遂に日本での留学生活が幕を開けることになった。

待合室のあるビルを出て、早速空港専用のバスに乗った。バスは都内に向けて高速道路を走っていた。その当時、中国にはまだ高速道路がなかったので、高速道路を走るバスに乗るのは初めての体験だった。正直に言えば、これに限らず、私にとっては、出国も、搭乗も共に初体験だから、《紅楼夢》の中に描かれた「大観園に入ったばかりの劉御婆」と同じくらい、何もかもが面白く、同時に何もかも珍紛漢紛だった。

さすが高速道路だけあって、あっという間に都内に入ったものの、都内の道は物凄く混んでいた。そのお陰で、バスは牛車のようにノロノロと地面を這っているような気がした。一時間ぐらい経って、やっと終点の新宿に着いた。バスを降りた瞬間、自分の足で日本の土地を踏んでいるという事実を完全に実感した。バスの停留所へ迎えにきてくれたのは大学時代のクラスメイト達だった。二、三年ぶりの再会だというのに、抱きしめながら涙をボロボロ流すなどの風景は見られなかった。

二、三年ぶりであったから、まず簡単な夕食をとりながら中国国内の事や日本での生活などについて、情報交換をした。話し合っているうちに、既にこれから訪れるに違いない辛さや苦しさなどを覚悟した上で、日本での生活風景を頭の中に描き始めた。その席で、一番印象深かったのはクラスメイトの誰かからされた以下の質問だった。それは、中国はいつ日本に追いつくのか、またいつ日本を追い越すのかというものであった。その場ではとても答えられないものだった。その場で無理矢理に答えても、根も葉もない言い訳になりかねない。こうして、この質問の答えが見つからないまま、日本での生活がスタートした。

その年、丁度、日本の年号が昭和から平成に切り替わった。偶然の中に必然が隠されているようだ。あの時、バブル経済も山の頂上に登っている最中だった。つまり、日本の経済は破綻するかどうかという、バブルが弾ける寸前の状態に置かれているところだった。人々が気づかないうちに、日本社会は激しく移り変わろうとしていた。そう考えると、筆者はあたかも日本社会の移り変わりを目撃するための立会人としての役を任されているようだ。確かにこれからの生活の中で、この目で見たり、この肌で触ったりするというふうに、立会人としての役割を果たしてきた。

## 3　工事現場での交通誘導

三十年ほど前、経済においては、日本との格差はあまりにも大きかったために、中国国内からの送金で留学生活を支えることは全く不可能なことだった。日本での滞在を続けるために、アルバイトをすることは唯一の選択肢だった。ここで言う唯一は、筆者のみならず、中国大陸からの留学生の誰にとっても、それを強いられていたから、選択に迷ったりするに及ばないということだ。それはその時誰しも直面せざるを得ない留学生活の現状だった。

日本におけるアルバイトの雇用、応募に関しては、店舗の掲示板に貼ってある募集広告、それから駅などで配布された募集チラシ、そのほかに募集専門誌及び新聞の募集専用欄など、情報提供体制が整えられている。そのお陰で、糊口を凌ぐための職がすぐ見付かった。それは警備員あるいはガードマンであった。警備員やガードマンは、何をする職業かというと、下水道やガスパイプなどを敷いたりする工事が行われる際、その周りを通りかかる人の歩行や車の運転の誘導などを行う。

ある日、午後三時半頃、警備事務所に電話をかけてみたら、「渋谷駅のハチ公口の近くで工事が行われる予定なので、夜八時から、警備員は二人工事現場に付き添わなければならない」と言われた。喜んで引き受けた。その時、友達と一緒に中央線の高円寺駅の近くに住んでいた。高円寺から渋谷まではそれほど遠くないものの、日本に来てまだ一週間も経っていなかったので、どう行けばいいかは全然分からなかった。幸いなことに、手元に丁度東京都の地図があったので助かった。友達と急いで夕食を済ませ、勤務中に食べる弁当を用意した。初めてのバイトなので、念のために、友達と一緒に二、三時間も早めにアパートを出た。

その地図を頼りにして、高円寺から中央線に乗って、十分も経たずに新宿駅に着き、そこから山手線に乗り換えた。間も無く目的地である渋谷駅に着いた。電車を降りてから、駅構内の案内矢印に沿って、ハチ公口の出口へ急いで行った。電話で聞き取った住所をもとにして、探してみたら、すぐ近くだった。腕時計を見たら、まだ六時半だった。一時間半も早かった。やはり、便利な交通手段である地下鉄のお陰だった。八〇年代、上海では、地下鉄がまだ整備されていなかったので乗り慣れておらず、渋谷までどれくらいかかるかというような見積もりができなかった。道には詳しくないし、行くべきところもないから、駅の周りをぶらぶらしながら、この一時間半を潰すより仕方がなかった。

ハチ公口に小さな広場がある。その広場に銅の彫像が立っている。その彫像は国内外に広く知られている「忠犬ハチ公物語」に出てきたハチ公だ。そこは恋人同士がデートをする時によく訪れるスポットだそうだ。七〇年代、上海の若者の間では馴染んだ場所を「老地方、老辰光」というように黙約を交わすことがしばしばあった。ひょっとすると、それと同じように、日本の若者達の間にも「いつもの場所、いつもの時間」というように親しまれているのかも知れない。忠犬ハチ公物語で表された忠実性に照らして、恋人同士で、お互いに心から黙々と「死ぬまで愛し続けていこう」と誓い合うのかも知れない。そうだとしたら、デートする場所として彫像を目当てにするのはそれなりの理由がある。駅の周りを一周しているうちに、一時間半は過ぎ去った。

再び工事現場に戻った。工事は歩道で行われることになった。大した工事ではないが、原則として、歩行者に迷惑を掛けないように行われた。夜は地面を切り開いたり、朝はアスファルトを敷いたりしなければならない。そのため、想像より手間を取られるわけだ。でも、そういうことはガードマンとは関わりがないことだ。我々二人の本職は交通を誘導することだった。現場は歩道だから、誘導対象は歩行者に限られている。そして、夜が更けるにつれて、通行人の数も少なくなった。

現場のあたりとは対照的に、ハチ公口の向こう側にある街角は昼間と同じように明るく光っている。その街角を出入りしていた若者は少なくなかった。その近くには有名な１０９ビルがある。そのビルでは、若者向けのファッションやアクセサリーなどを取り扱っているらしい。その会社はファッション業界の舵取りをしているそうだ。だから、渋谷は若者向けの街だと言ってもいいくらいだ。なんとなく、町中、活気に溢れているような気がした。それだけに、夜になったとしても、電灯の光に覆われている夜更けの街角は逆に昼間よりも若者を魅了していた。

深夜二十三時、疲労も溜まり、眠気が襲ってきた。そこへ、一晩の日給は上海の六カ月分の給料に当たると言って、友達が励ましてくれた。その話を聞いた私は、まるで精神ビタミン剤を飲んだかのようだった。この精神的治療法のお陰で、元気が出てきた。ちょっと我慢していたら、もう夜明けになった。朝五時頃の上空、何羽もの鴉が鳴きながら、飛び回っていた。中国では、鴉は悪運を招く不吉なものだとされているが、日本では、鴉は頭が良くて、幸運をもたらし得るマスコットだとされているらしい。鵜の目鷹の目で餌を探している鴉の姿を見ながら、私も同じように留学生活を営むための仕事を探しているのではないだろうかと考えていた。これがバイト初日の体験、見聞、感想だった。

# 4　日本語学校への通学

学生向けのビザは大きく分ければ、二種類ある。一つは就学ビザで、もう一つは留学ビザである。就学資格のビザは、日本語学校に籍を置きさえすれば獲得できるものであるが、留学資格のビザは、専門学校や大学の入試にパスしてから、獲得できるものである。このように、区分けははっきり示されていた。最初取ったビザは就学ビザだった。即ち、日本語学校での就学だった。就学ビザなら、半年ごとに、滞在期間を延ばすために、入国管理局へ延期申込に行かなければならない。筆者のような大陸から来た学生にとっては、日本語学校の在学中の二年間において、延期申込書類で頭を抱えることはいつものことだった。延期申込に必要な身元保証人に関する書類は金で入手することが多かった。日本に来たばかりの就学生にとって、日本人と繋がるパイプを持つことは不可能なことだった。そのために、滞在し続けたいなら、保証人のことを学校側にまかせておくしかなかった。

筆者が学籍を置いた学校は池袋にある。池袋は山手線の沿線にある。池袋は新宿、渋谷と肩を並べて山手線の沿線にある賑やかな町の一つだった。そのため、日本語学校の数も多かった。

言語学校の経営者の中で台湾出身の人が占めている割合は高かった。そのためか、日本語学校で就学している学生は、中国大陸からきた学生が殆どだった。ある調査によると、このような言語学校が集約した結果、昼間池袋駅のあたりを歩いている人々の5割以上は中国の人が占めているとのことだった。池袋の街を歩いていたら、中国語をよく耳にしたので、中国にいたような錯覚に陥った。

授業は午前のコースと午後のコースに分けられていた。午後はバイトがあるので、午前中のコースにした。学校に行ってみたら、殆ど上海の人だった。その人達と比べれば、筆者の方が幾つか年上だったが、目的は皆同じく、お金を稼ぐためだった。これこそが本音だった。勿論、プライバシーとして公に打ち明けてはいけないことだ。だから、その代わりに、建前としては、勉強のためだという看板を高く掲げていた。

語学学校に通うのは、長期的な目的としてはより多く稼げるようになるためだったが、短期的な目的としては、ビザ申請の妨げにならないように、毎日学校へ行って出席率を得るためだった。そういえば、バイトによっては、言葉はコミュニケーションのみならず、稼ぎに欠かせない道具とされる場合もあった。例えば、レストランのボーイさん、バーのスタッフなど、言葉は売り物の一つだ。したがって、学校での勉強もお金を稼ぐための手段だと言っても過言ではないだろう。

それから、就学生は皆外国人であり、共にバイトしながら留学生活を営んでいた。それ故に、情報を共有し合ったり、通いやすくて時給が高いバイトを紹介しあったりすることが自然の成り行きだった。そういった意味で、日本語学校は就学生達がバイトの情報を交換する場であるが、それと同時に、言語の上で、バイトの働き手を養成する場でもあった。

人によって、学校に通う目的は様々だった。筆者の場合、完全にビザ申請に必要な出席率を得るためだった。神様の見えない手に導かれたように、国内で何年も前から日本語を勉強し始めた。そのお陰で、就学生向けの日本語なら、習わなくてもいいぐらいだった。そのほか、もともと睡眠の調子はよくなかった。その上、不安の多い状態に置かれていたせいか、「泣きっ面に蜂」の言葉通り、ノイローゼの度合いが一層悪化した。ところが、「物極必反（物事は極点に達すると必ず逆の方向へ転化する）」との中国の諺のように、授業中、先生の声が子守唄のようで、それに唆されて、眠くて眠くて、つい机の上でぐっすり寝込んでしまったことが何回もあった。その時期は、確かに辛い毎日を送っていた。

学校は月曜日から土曜日までだった。この六日間、朝起きてから、インスタントラーメン一つに、卵一個の朝食を済ませて、アパートを出た。学校へ行くには、途中、一回乗り換えなければならない。およそ一時間半ぐらいかかる。学校は九時から十二時半までだった。学校が終わってから、その足でバイト先に行った。バイトは午後三時から夜十時までだった。バイト先からアパートまで二時間くらいかかるので、アパートに戻るのは大抵夜中十二時過ぎだった。アパートに戻って、すぐに簡単な食事を取ってから、アパートの近くにある銭湯に行った。すべてを片付けて布団に入るのは深夜二時頃だった。

日本語学校にいる二年の間、月曜日から土曜日までの六日間に、このような生活を繰り返していた。でも、そうしたつまらなく辛い日々の中で、金を少しずつ貯めていた。これをまた別の授業に使うか、それともほかのどこかに使うかに悩んでいたが、その時は将来のことを深く考える余裕はなかった。このようにして、我々就学生は日本のバブル経済の最後の光に恵まれていたが、それと同時に、日本のバブル経済の最後の輝きを支えていたのだろう。

兎に角、この二年にわたって、就学生活の辛さとつまらなさに耐え抜いて頑張ってきたことこそ、現在の私を支えているのかも知れない。未来に関する計画はないまま、あっという間に日本語学校の二年間のコースも終わりに近づいていた。これから、どうすればいいかを考えざるを得ない状況がまた目の前に迫ってきていた。

## 5 ストレスの捌け口 Aパチンコ

東京で何年も暮らしていた人にとっては、印象深い風物は駅の周りにある日本特有な風景である「銀行とパチンコ」だろう。東京のどこの駅に行っても、「銀行とパチンコ」は欠かせない存在のようだ。一体どういうわけだろうか。

銀行なら、まだ想像することができる。日本人は中国人と同じように農耕民族だから、遊牧民族と違って、収穫の季節から、種蒔きの季節までの間に、食糧と種を備蓄しておかねばならない。このような貯蓄性向は年月が経つにつれて、農耕文化の土壌にその根を深く張ったことで、国民の心の奥に定着してきたわけだ。よって、日本の至るところに銀行があるのは、日本国民のこのような貯蓄性向を反映しているものだと思ってもよかろう。

中国人の目から見れば、パチンコは博打として扱われることが普通だ。だが、日本においては、娯楽の一種だと考える方が適切だと思う。もし賭け事だったら、国を挙げて博打に走っていく日本は、アメリカに次ぐ経済大国にはなり得なかったであろう。娯楽なら、そこから得られるのは楽しみだ。周知のように、楽しみの効用は、悩み、憂鬱、ストレスなどを追い払えるというところにある。

ある調査によると、日本人の中で、A型の血液型をもつ人が占めている割合は高いそうだ。A型の性格上の特徴は、真面目な代わりに神経質だ。前者は品質の高い日本製品を作り出したのだが、後者はパチンコ業界を支えてきたのだ。度を超した真面目な性格からもたらされる副産物である神経質さは、またストレスを生み出す張本人だ。このように、A型族はストレスが溜まりやすいタイプということだと分かるであろう。しかし、楽しみを続々と作り出せるパチンコは、ストレスの捌け口としてよく機能しているようだ。「豆腐に苦汁、蛞蝓に塩」との俗語で表されるように、どんな物にも天敵がある。パチンコはストレスを発散するための薬として、適材適所ではなかろうか。

パチンコ屋には、二種類の機械が入っていることが多い。即ち、パチンコとパチスロだ。前者は玉で遊ぶのだが、後者はコインで遊ぶのだ。パチンコの場合、玉はベルトコンベアを通って行ったり来たりすることになる。そのために、初期投入コストが高い。これに対して、パチスロの場合、機械が一台ごと独立していて、連結していないので、比較的簡単な上に、コストも安い。

## 6　ストレスの捌け口　Bカラオケ

日本語の勉強をしていたお陰で、ずっと前から「カラオケ」については知っていた。しかし、それに初めて触れたのは、日本に来て半年後のことだった。一学期の終わり頃、御褒美として、担当の先生は我々をカラオケボックスへ連れて行ってくれた。この日から、「カラオケがどういうものなのか」がやっと分かった。その時初めて耳にした、谷村新司の歌『昴』のメロディーを楽しませてもらったが、それと同時に、無意識のうちに、谷村新司のファンになってしまった。

その後、何度もカラオケボックスへ行った。日本へ旅立つ前は日本語の歌といえば、『北国の春』ぐらいしか歌えなかった。だが、カラオケ屋に繰り返し訪れているうちに、歌手になったような気持ちがした。どうりで、「日本人全員で歌手になった」という言葉が民間人の間に流行っていたわけだ。今日では、カラオケは世界各地に普及しつつある。これこそ、二十世紀の末、日本人による世界への最大の貢献だと受け止められてもよかろう。

実はカラオケもパチンコと同じような効用を持っている。即ち、ストレスの捌け口として機能しているということだ。仕事や勉強で、溜まったストレスは、カラオケボックスで歌手のように歌っているうちに、徐々に発散されていく。カラオケの登場に恵まれて、聞き手になるだけでなく、歌い手としても楽しむことが可能になった。こうして、ストレスの魔手から、被害を免れることができるのだ。

現代化の道を走っている中国も例外なく、現代病とされているストレスに晒されるようになった。現代病は生活リズムの加速化からもたらされる精神的プレッシャーによって罹るものだ。そのためか、カラオケが中国にも導入されるようになり、あっという間に、全国各地へと広がっていった。

都市部に住む若者の間では、カラオケの方が麻雀より人気を博しているようだ。中小都市でも、カラオケ、麻雀、トランプなどは鼎立の様相を呈しているが、殊に、若者の間ではカラオケが麻雀やトランプなどに取って代わる娯楽になっているらしい。既に老人クラブに入った我々は、もっと長生きしたいなら、年齢に合った「カラオケ」のような運動で、老人なりの悩みによるストレスを取り除いてみるとよいだろう。

# 7　ストレスの捌け口　C居酒屋

子供の頃、上海の商店の建ち並ぶ市街に、「居酒屋」のような飲み屋がよく見られた。読者の皆様の中には、今になっても、魯迅先生が書かれたその飲み屋が出す名物である「紹興酒と味付きの空豆」を懐かしがっている方がおられるだろう。そこを訪れる人々は大抵飲兵衛とされているものだが、時代の風に吹かれたためか、その風景は段々見られなくなった。特に、改革開放以来、その姿が、すっかり消えてしまいそうになった。そのイメージはあまり良くないためか、あるいは時代の流れに合わないためか、客足は徐々に途絶え、最後にはなくなってしまうのではないだろうか。

だが、中国と対照的に、日本風の飲み屋である「居酒屋」はサラリーマンのみならず、学生達の間でも人気を博している。居酒屋は客に喜ばれる飲み屋としてだけでなく、日本の独特の酒文化を物語ったり、行き渡らせたりする舞台でもあると言えるだろう。日本の滞在中に、何回も居酒屋へ飲みに行ったことがある。特に大学在学中、ゼミ生と一緒に、気分転換や、交流をする目的で、居酒屋で酒を注ぎ合ったりして楽しい時を過ごすことが多かった。

居酒屋においては、店の真ん中に設置されている厨房の独特の配置が気に入った。厨房の周りはカウンターで囲まれている。そこの席を占めるのは殆どサラリーマンだ。一人で付く客なら、酒を飲みながら、板前さんと世間話をしているうちに、会社で溜まった悩みやストレスを徐々に発散していくわけだ。厨房の周りを囲んで、板前さんと会話を楽しむのは、日本の飲み屋の際立った特徴の一つだろう。

そういったやりとりのお陰で、客が家に帰ったように錯覚したり、店の雰囲気を盛り上げたりすることは、ストレスの発散だけでなく、居酒屋の商売の繁盛にも繋がることだ。これは、需給両側が共に勝者ではないだろうか。同時に、社会の調和的発展をも達成させ得るのではないだろうか。その意味で、日本酒の香りが漂う大変な人気を博している居酒屋も、それなりの独特の役割を果たしているようだ。

こうして、パチンコ、カラオケ、居酒屋の三者は、ストレスの魔手から、サラリーマンを守っていながら、トロイカのように、日本経済をアメリカに次ぐ経済大国へと導いてきた。したがって、この三者は日本経済を支えるための「縁の下の力持ち」だと思われる。勿論、人によって、ストレス発散の方法などは異なっているかも知れないが、パチンコ、カラオケ、居酒屋の効果に関しては、疑いの余地はないだろう。

# 8　改革開放以来の新たな華僑

筆者と一緒に日本へ行った連れは、ずっと前から付き合ってきた古い友達だった。最初、同じアパートに住んでいた。この友達はもともとスペイン語を専攻していた。出国前、上海のある大学の人事課長だった。出国に備えるために、よく日本語学部へ行って、学生達と一緒に講義を聴講していた。学校の管理職だから、日本語学部で日本語を傍聴しているとしても、拒否されるはずはない。こうした聴講は、多かれ少なかれ効き目があるが、何となく、出国のための泥縄式の勉強だと印象付けられた。このように、出発前の一学期をかけて、一応初級ぐらいの内容を学んでおいた。物足りないとはいえ、ないよりましだった。

友達だからといって、考え方は同じではないが、「当たらずといえども遠からず」だった。しかし、彼が日本へ留学をする目的は、筆者のものよりもっと単純だった。即ち、金を稼ぐことが彼にとっては何よりも揺るぎない目的だった。日本で生活を始めた頃、我々は一緒に住んでいたので、警備会社の事務所との連絡については、ずっと筆者が頼りにされていた。一カ月後、我々二人が住んだアパートは大学時代のもう一人の友達のガールフレンドが気に入った様子だったので、私は連れと、別々に違う所に引っ越してしまって、彼とは離れ離れになった。

この時から、彼は一学期の間で習得した日本語を頼りにして、事務所とやりとりをし始めるようになった。確かに大変そうであった。

しかしながら、どうしても目的を達成させようとするならば、様々なアイディアが浮かんでくるはずだ。人間をはじめ、その他の動物も、いざという時、無意識に底力を発揮するようになる。つまり、遅かれ早かれ必ず困難を乗り越えるためのアイディアが出てくるというわけだ。事務所と連絡する時、書き取った仮名、特に住所の仮名を漢字に切り替えるために、友達はわざわざ秋葉原へワープロを買いに行った。

こうして、書き取った仮名をそのワープロに入力して、変換ボタンを押せば、漢字がずらりと並んで出てくる。それから、その場所を地図で確認した後、自転車に乗って、工事現場へ通勤するようになった。「困難より、対策の方がずっと多い」との俗語で言い表された通りだった。ワープロを手に入れた彼は「鬼に金棒」の如く、スムーズにバイト生活を送るようになった。このことから、筆者は友達のこの頭の良さと粘り強さに敬服せずにいられなかった。当年、東南アジア諸国で苦労をして事業を興していた華僑の姿は、彼の頑張りに見事に反映されていた。

こうして、彼は十カ月ぐらいの警備員の生活を無事に過ごした。その後、二カ月ぐらい新宿の京王ホテルの調理場で皿洗いをしていた。その間に、所属大学から急に連絡が入ってきた。「学校との間で約束した一年の期限切れまでに、学校に戻らなければならない。上海梅隴に学校所属の工場が設けられている。その工場のボスのポストがあなたを待っている。戻ってこないなら、雇用契約が切れることになる」という知らせだった。せっかく日本に来たのに、ビザの期限までに、帰るか、あるいは残るか、決断を下さねばならなかった。これは、彼にとって、難しい決断であった。

死地に追い払われるからこそ、死地から抜け出すように全力を尽くすより仕方が無い。退く余地がある場合、選択肢の中から、どれを選ぶのかを考慮に考慮を重ねることが当然のことだった。だが、どれが一番良い選択肢なのか。答えが明らかにされない限り、分かるはずはない。こうして、前途に横たわる不確実性が多いからこそ、魅力に富んだものになるのではないだろうか。そういう所から、期待や憧れなどが生まれるはずだ。引き続いて、その期待や憧れを現実化させるために、また努力や工夫をして、アイディアを出す必要がある。これらは見えざる神の手で仕掛けられた世の中の、あらゆる物事が歩んでいかざるを得ない道筋ではなかろうか。

ボスのポストもおいしい話だった。それに、ビザもそろそろ切れるから、帰国することが何よりも利口な選択だった。その日、新宿にある空港行きのバスの停留所まで彼を送った。空港へ向かって走っていくバスの後ろ姿を見送りながら、独りぼっちになった私は思わず心の底から寂しさが込み上げてきて、胸がいっぱいになっていた。

## 9　スーパーでの買い物の初体験

八〇年代、中国大陸には、スーパーのような現代小売業の店舗はまだ現れていなかった。筆者の日本における買い物の初体験は、駅の近くにある小型スーパーだった。その店には、いろいろな食料品のコーナーが設けられているが、その中で一番目を奪われるのは生鮮食品コーナーだった。賞味期限は商品ごとに目立つ所に付けてある。日本人は食料品の新鮮さへの厳格な拘りがあるので、賞味期限が近づくにつれて、値引きの幅も大きくなってくることが一般的だ。それに、食料品の安全保障も非常に厳しい。そのために、輸入食品はそれほど多くなかった。それは人為的に設置された非貿易障壁によるものだと見做されてもよかろう。それ故に、しばしば世界諸国から激しい批判を浴びせられている。

食品の安全に関する障壁のみならず、多くの品物は商品の差別化による障壁によって保護されるのだ。ご存知のように、和牛はビールを餌にして飼育されたり、専用の機械でマッサージされたりすることで、肉の味わいや肉の柔らかさなどについては、アメリカ産の牛肉やオーストラリア産の牛肉との間に顕著な格差を生み出すことになった。このように差別化された和牛は消費者を魅了したり、それなりの消費者層を築き上げたりすることで、その特定の消費者層において独占的な地位を獲得することになった。

筆者が日本語学校に籍を置いていた二年間は、買い物をしたとしても、せいぜいインスタントラーメンや卵ぐらいだった。前者は、安いし、保存も簡単だからである。後者は、賞味期限がギリギリまできたら、大幅に値下がりになるからである。数年後、経済的に少し余裕ができたために、過ぎ去った数年間に積んできた健康上の負債を帳消しにしようと考え、ジムへ運動しに行くことにした、運動後は、空いてしまったお腹を満たすために、その足でスーパーに寄った。「空き腹に不味いものは無し」に加えて、スーパーの生鮮食品の鮮やかな色に魅了され、更に空腹に拍車を掛けられ、とことんその虜になってしまった。

ところで、日本における農産物の保護は、様々な考慮の上、各利益団体の間で揉み合った結果である。まず国家レベルの分配戦略を土台にして共存理念とも噛み合うものだ。即ち、都市部の人達の収入がアップするに伴って、その分に応じて、農村部の人達の収入も増加するというわけだ。もう一つ大きな要因は農村部は自民党にとって厳守せねばならぬ不可欠な「票田」であるというところにある。戦後、日本の政権は殆ど自民党で独占されていることが、日本の政治の当時の状況だった。その秘密は自民党の支持率の多数は農村部から獲得するというところにある。よって、恩返しとして、政策を講じるに当たって、「票田」である農村部に片寄ることも自然の成り行きだった。

とはいえ、農民及び農産物開発者は単なる受け身の立場に立っているだけではなくて、良質の稲の種や果物や家畜などの開発のために、弛まぬ努力を続けてきた。そのお陰で、味が良いお米や林檎や牛肉など差別化された独特の農産物が続々と登場することになった。例えば、「ひとめぼれ」や「紅ふじ」や「神戸牛」などのブランド品作りによる商品の差別化は、競合関係から見事に逃れるようになる。このように、自らの力で再生のための機会を掴んだケースも少なくなかった。

どこかから掛けられたプレッシャーとの向き合い方については、一つはその威力に屈服することだが、もう一つはその威力に反発することだ。これらに対して、ずっと土地を頼りにしてきた農業従事の方々はプレッシャーをはね返して現状を打開するための仕掛けが原動力へと転身するようになった。我々は、そこから何か示唆を得られるのか。

# 10　テレフォンカードについて

大学時代のもう一人の友達は、筆者が賃借したアパートの近くに住んでいた。歩いて一分ぐらいの距離だった。だが、お互いの通学とバイトの時間が違うので、何週間も会えないことがよくあった。当時は携帯電話もないし、アパートに固定電話も設置されていないから、どんなに寂しくなっても、友達や知り合いと連絡を取る方法はない。コミュニケーションの相手が見付からなかったら、どうやってその寂しさから抜け出せばいいのかは、留学生である我々にとって、頭を抱える問題だった。特に静かな夜に、その寂しさが一層募った。

その時、夜中十二時頃、東京都内の駅の周りによく見られた風景は、電話ボックスの前に長い列を作って並んでいる人々の姿だった。筆者もよくその長い列の中の一人になった。それは中国へ国際電話をかけるためだった。身近に話す相手がいないから、高い国際通話料金を費やしても、話す相手が欲しかった。5～7章において、既に触れたストレスの捌け口としてのカラオケやパチンコなどに加え、外国人である我々にとっては、国際電話もストレスの捌け口としての役割を果たしていた。そのお陰で、この国際電話の支出だけでも、月に何万円もの通話料が取られてしまった。

そうした状況を背景に、テレフォンカードの海賊版まで誕生するようになった。八〇年代の終わり頃から、九〇年代の初め頃にかけて、山手線の沿線にある乗客が多い駅の建物の中に、海賊版を売り回っているイラン人の姿がよく見られた。それは安かったので、買う人が多かった。日本滞在の外国人に限らず、それに手を出す日本人もかなり居た。聞くところによると、海賊版を作る産業チェーンの上には、台湾人がいるが、海賊版を売る産業チェーンの下には、イラン人がいるというように分業しているとのことだ。

勿論のこと、消費者とブローカーの方が儲かったのに対して、テレフォンカードを開発した会社はその分損してしまった。幸いなことに、中国大陸は日本の二の舞を演じずに済んだ。中国大陸ではそのテレフォンカード用の電話機を導入したけれど、普及しなかったので、そういったロスを引き起こさずに済んだようだった。間接的でありながらも、このことから、我々は何か経験あるいは教訓を得られるのだろうか。

まず、取り上げられたのは、ハイテク技術であっても、まだ未成熟段階に置かれているものだから、ある欠陥がうっかり見逃されていたとしても、おかしくないということだ。しかし、欠陥がある限り、会社にとっては、いつかロスを引き起こされかねない。だから、「転ばぬ先の杖」で、緊急措置体制を整えておかねばならない。また、人的資源が世界中をぐるぐる巡っている今日では、「後の祭り」にならないように、前もって、国境を跨っている流動人口を管理するためのより厳しい対策を講じておかねばならない。

「光陰矢の如し」と言われるように、あっという間に、あの時から二十数年が過ぎ去った。しかし、あの懐かしい電話ボックスの画面、あの電話ボックスの前に作られた長い列、あの話し合う相手がいなくて、抑えきれない寂しさなどは未だに記憶に新しい。それらを思い出したら、懐かしい上に、お酒のように、年月が経つにつれて、その香り、その味は一段と深みが増しそうだ。

## 11　日本滞在中の一つ目の交差点

日本語学校での就学ビザ延期ができるのも最後であった。つまり、今後の進路のことを考えておかねばならなくなる段階まで来たというわけだ。日本では、学校年度とは財政年度と同じく、四月一日から翌年の三月三十一日までの丸一年間のことを指して言う。一月は期末試験のシーズンだ。テストが終わったら、春休みに入ることになる。九月から、十二月の終わり頃までの間に、日本に残るのか、それとも国に帰るのかという決断を下しておかなければならない。それから、就職や進学などと関連がある手続きを済ませておかなければならない。帰るなら、荷物を片付けるだけで結構だが、残ろうとするなら、やっておくべきことは山ほどある。

まず決めておくべきことは進学するのか、就職するのかということだ。でも、ここで就職することを選択肢から除外してもいい。その時の入管法に基づくと、就職ビザを獲得することはそんなに容易なことではないからだ。いくら時間を費やしても、努力が水の泡になることは決まっているだろう。よって、進学に力を注げばいい。そうだとしたら、まず学校に関連する資料を収集しておかなければならない。そして、自分の志望に合ったものを比較した上で、選別することが必要だ。最後に、願書を提出するわけだ。ややこしい。こういう話を聞くだけで、大変なことだとわかるだろう。

正直に言えば、その時の筆者にとっては、進学より、ビザの方が何よりも大事であった。何しろ、ビザをもらえれば、日本に継続して滞在することができる。このビザは明らかに稼ぐための前提条件だ。ご存知のように、経済的基盤を抜きにしては、何もかも成り立つはずはない。ある名人の言葉を借りて言うなら、経済的基盤こそ揺るぎない理屈だ。どんな学校でも構わないから、取り敢えず、筆者を受け入れてくれる学校でさえあればいいという考えを踏まえて学校を探した結果、埼玉県にあるA大学が見つかった。

それは修士課程の入試を前提にするための聴講生制度だった。この聴講生制度のお陰で、留学資格のビザがもらえた。期限は一年間だったので、半年しかない就学資格のビザと比べれば、随分余裕ができた。即ち、これからの進路を考える余裕もあるし、経済的基盤をしっかり固める余裕もある。ところが、A大学に行くのに、途中、「新宿から、山手線へ、また池袋から、西武池袋線へ」と二回もの乗り換えがあり、三本の電車に乗らなければならなくて、往復で四時間もかかる。でも、学校での聴講は週に一回しかないので、この日を定休日にしたつもりでいい。体を休ませることも必要だ。

ところで、学校に通うといっても、専攻をはっきりと決めていないから、学校から戻ったら、やるべきことがない。そうしたら、何で余った時間を潰すのか。最初、時間を潰すつもりでパチンコへ行ったが、やっているうちに、心の底に潜んでいる欲望が甦ったり、膨らんだりするようになった。それに、知らないうちに、依存症になってしまった。悪は善の付き物だと言い習わされた通りに、天使と悪魔、正義と邪悪はコンビあるいはパートナーのように併存している。

この両者は人間の心にあるミクロ的な宇宙の中で、永遠に戦いあっているが、何時も「どんぐりの背比べ」のような結果になっている。よって、そういった場合、教育や教養などが存在する必要性が出てくるはずだ。教育や教養などが前者の味方だという発想に立って、また教育をアルファ（α）に置き換えてみれば、前者＋αなら、後者を凌ぐことは当然のことだ。ひょっとしたら「邪悪が正義を圧倒することはあり得ないことだ」という言い方はこんなところから生まれたのかも知れない。

自分自身も悟ったが、止めてはやる、やっては止めるというふうに、繰り返した。それは煙草を止める状況と同じだった。やはり根性の所為にするより仕方が無い。それは神様が油断してミスを起こしたのだと思われがちだが、実は、神様は人間を創る時、ぼんやりしているように見せるが、実際にはわざと穴を残して人間の勤勉や根性を洗練させるように仕掛けたのだと読み取った方がいいのではないか。ある人はその穴に陥ってしまうが、ある人はその穴を脱出することができる。これは確かに人生の重要な試練の一つだろうと思う。筆者も陥らんばかりの一人だが、幸いなことに、「医者でも匙を投げる」というところまで至らなかった。

## 12　中国への里帰り

留学資格のビザをもらい、丁度夏休みにも入ったから、帰国することにした。それを知り合いに知らせたら、彼も帰国するつもりだと言った。それどころか、ついでに香港に寄るつもりだと言って、長年の願いまで打ち明けてくれた。その話を聞いて、筆者もこの目で香港の名高い夜景を見たいと言った。このように、話のやり取りをした結果、里帰りのついでに、香港へ旅行することにした。早速、電話で、航空会社に航空券を予約した。

しかしながら、その時、香港はまだイギリスの植民地だったから、半蔵門にある駐日イギリス領事館へ通過ビザを申し込みに行かなければならなかった。この通過ビザを申し込むことで、アヘン戦争のことを思い出したりして、過ぎ去った百年の暗い歴史を振り返ることになった。仏教の「因果応報」の説によれば、所縁（因と縁）を植えておきさえすれば、いずれは果報は訪れてくるとのことだ。中華民族の子孫としては、この恥を一掃するように、相手を屈服させるほどの力をつけておくことだ。これは敵を叩き潰すための所縁（因と縁）だとも見做してもいいし、同時に、アヘン戦争を引き起こした奴らに対する果報だとも見做してもいい。

香港の住民は殆ど広東出身だそうだ。九〇年代の初め頃、香港の人達は共通語が分からなかったから、共通語を使っても無駄だった。でも、広東語なら、問題なさそうだったが、我々はそれを一言も話せなかった。お互いにコミュニケーションは行き詰まりそうになった。だが、意外なことに、日本語なら、香港の人達は聞くことも、話すこともできた。多分商売をスムーズに行うために、日本から来た客の要請に応じて習得しておいた商売技能の一つだったのだろう。これは市場経済の行為あるいは市場経済のカテゴリーの枠において解釈すれば、理解できる現象だった。このことから、その時、中国内地から来た客は少なかったこともわかる。

大英帝国の旗の下で暮らしている香港の人達の顔から、イギリスの国民か、それとも香港の地元の居民かを区別することは容易ではない。祖先を共にする筆者達に対しても、同胞のような親しみはちっとも見せてくれなかった。もしかしたら、百五十年も植民地とされていたせいか、香港の住民の国家意識は知らず知らずのうちに薄められてしまったのかも知れない。

香港はアジアフォードラゴンズの一つで、発展途上国の手本とされており、大いに賞賛されてきた。しかし、その発展ぶりの複写はなかなか不可能なことだ。経済発展の成功は政治、文化、地理位置、市場規模、各資源賦存の度合いなどの諸要素の総合的作用の結果に基づいたものだった。真似をすることができるのは表面あるいは形式にすぎず、裏あるいは中身の真似はそれほど簡単なことではなかった。ところで、このようなトランジットツアーは、「馬を飛ばして花見をするものだ」とはいえ、香港での二日間の滞在のお陰で、香港の人達の市場経済の意識や香港の人達の国家意識及び香港の発展ぶりを一応大まかに捉えられるだろう。

そろそろ二年ぶりの故郷の懐かしい姿を見せてくれるわけだ。そのためか、心がウキウキしている。その代わりに、入管手続きがとても厄介だった。防疫のための注射も受けることになっていた。その上に、一人につき二千円も取られるなんて、強盗式の横取りをするのと、一体どこが違う？　それは伝染病から同胞を守るためか、それとも同胞から外貨を吸い取るためかと疑われる余地が十分ある。

その注射のお陰で、熱まで出た。熱がやっと下がってから、歯を治療するために、早速第九人民医院へ行ってみた。せっかく帰ってきたから、いっそ調子が良くない所を一斉にお医者さんに診せておくことにしよう。だが、虫歯を抜いてもらったら、二週間もの間ずっと高熱で寝込んでいた。やむを得ず、家の近くにある街道所属の歯の予防所へ行って見てもらった。レントゲン写真を撮ってもらったら、虫歯の根の部分も、虫歯の欠片も、歯茎に残ったままだった。どうりで痛くてたまらなかった上に、虫歯を抜いた後の傷もなかなか治らなかったわけだ。一回目の帰国なので、団欒を楽しむはずだったのに、病院に通ったり、ベッドに寝込んだりして時間が過ぎ去ってしまった。

# 13　バイトへの専念

聴講は週に一回しかないから、聴講生としてのその一年において、殆ど専業バイトになっていた。日本語学校の場合には、話し合う対象がまだ居た。皆立場も、運命も一緒だったためである。これに対して、聴講生になった後、その学校で聴講しているのは筆者一人しかいなかったために、話しかけてくれる人は一人もいなくなって、本当に独りぼっちになった。でも、日本に来て二年間も経っていたので、その寂しさに対応することができるようになっていた。

バイトの内容は比較的単純な皿洗いだった。東京においては、洗い場の募集は二種類ある。一つは、店の経営者が来客の人数に応じて従業員を募集するかどうかを判断する場合だ。これに対して、もう一つは、店の代わりに、人材派遣専業会社が各種の人材を登録・蓄積しておいて、関係会社の要請に基づいて登録している人材を派遣する場合である。この種のバイトの時給が比較的高い上に、交通費も支給される。一方、固定でなければ、仕事の場所が頻繁に変わることが欠点だ。とはいえ、首都圏にある会館やホテルなどの有名な飲食店を回ってきたお陰で、却って見聞を広げられていた。

この派遣会社のことにもうちょっと触れてみよう。その時、この類いの会社は中国大陸にとっては、馴染みのない存在だった。よって、その実態は殆ど中国大陸に知られていなかったであろう。特にその中の大多数を占めていたのは、毎日首都圏のあちらこちらをゲリラのように回っている数多くの会員の方々だった。こうした人の雇い方や使い方や調達の仕方については、会社を運営するための一つのチャレンジだろうが、会社の運営が上手くいくには、人々の目が離れたところにあるもっと大事なものが必ずあるだろうと思う。

そのような派遣会社は仲介人として、ある領域においてプロと呼ばれているコンパニオン、ボーイ、皿洗いなどの人的資源を提供する仲介業に従事しているものだった。主として、首都圏内の関連がある飲食業をそのサービスの対象としているとのことだ。その組織は、会社に束縛されたくない、自由時間を求めようとする数多くの人からなっている緩やかな仕組みだった。ここのプロは多分「経済学の父」と呼ばれているスミスの分業論によるものだろう。従事している領域は細かいほど、その領域に慣れたり詳しくなったりするまで、掛かる時間も一層短くなるわけだ。こうして、もっと細分化された分業のお陰で、誰でもある領域におけるプロになることも可能になるだろう。

派遣会社で登録されている会員は組織規則によって束縛されているのではなくて、実は目に見えない「信用」というものに牛耳られているのだろうと思う。つまり、その組織は信用度が高い社会を前提条件にしているものだというわけだ。ここの信用こそ、その組織の基盤だった。個々人は誰もがその信用の鎖の一環としての存在だ。損益を共にする社会においては、人の信用を人質としたり、また自分の信用を人質とされたりしていることで、まるでお互いに信用を人質にしあうかのようだ。この枠組みにおいては、どこかの一環が腐ったら、全体で将棋倒しのような始末になりかねない。組織の中の誰でもこのように共倒れするリスクを負いたがらないので、組織が簡単に崩れたりはしないのだろう。

ところで、信用度が低い社会だったら、それはとてもできそうもないことだ。近年中国大陸では、お手伝いさんは雇い主の子供を虐めたり、雇い主のお金やアクセサリーなどを盗んだりしたというような記事がよくネットで話題になっている。２０１７年６月22日、お手伝いさんが放火して、雇い主の四人家族を殺してしまったという殺人事件の記事で、大騒ぎになった。勿論のこと、単なる信用のことではなく、様々な社会問題が絡んでいるのだろう。でも、やはり信用のことを無視することができない。信用までなくなったら、人間社会のような列車は故障したり、遅延したりと、その運行はうまくいかなくなってしまう。

一定の選択の余裕を与えてくれるこのようなバイトは筆者も気に入っていた。こちらの都合に合わせて時間帯が選べるのは何より良いところだ。今になっても、そのバイトに専念してきた一年間の日々を思い出したら、懐かしい思い出が再び浮かび上がる。その独特なバイトに恵まれていたためか、家内の親族訪問のビザ申し込みも、新しい大学への進学も上手くいった。この意味では、「有難うございます」と言って、感謝の意を表さなくては……。

# 14　家内来日親族訪問

里帰りから戻って、早速、家内の親族訪問のビザ申し込みに必要な資料の用意に手を付け始めた。筆者が日本にいるうちに、親族訪問の形で、日本へ遊びに来ればいいじゃないか。もしビザ申し込みを成功することができれば、筆者にとっても、家内にとっても、精神的な慰めの一つではないかと思っていた。その上、ある意味では、筆者のプライドあるいは虚栄心を満足させるための達成感の一つだと捉えられてもよかろう。これこそ、その時親族訪問のビザ申し込みに手を付けた際の真の思惑だった。

その時、中国大陸はまだ旅行ビザの発行の対象国として取り扱われていなかったらしい。以前、一度そういった申し込みをしたことがあるが、結果としては、許可をもらえなかった。その理由が分からないままになっていたので、何の教訓も得られなかった。とはいえ、もう初心者ではなく、多少の経験を持っている。その経験からして、資料の中で一番手に入れ難いのは、やはり保証人と関連があるものだった。迷惑をかけると思ってはいるが、ずっと付き合っている日本の友人に任せておくより仕方がなかった。

資料が揃ってから、直ちに入国管理局に提出した。その後は家で待つしかない。申し込みを出して、どれくらい経ったのかはもうはっきり覚えていなかった。翌年の春頃、ようやく許可の知らせが届いたが、期限は二週間しかなかった。愚痴はさておき、旅行のつもりで来ればいい。その時、中央線の沿線にある高円寺駅の近くのアパートに住んでいた。便所も、台所も共同で、四畳半しかない畳部屋だった。狭いとはいえ、家内はそれほど違和感がなかったようだ。なぜなら、その時上海にあった部屋も十二平方メートルしかなかったからだ。そして、同じく便所や台所などの施設も共同だった。

翌日、家内を連れて、山手線の沿線にある新宿を始め、渋谷や東京や上野などの繁華街を回ってきた。「自分の目、自分の肌でアジア唯一の工業先進国の発展ぶりを感じ取るように」というような細かい心遣いを示すためのスケジュールだった。翌々日、ディズニーランドへ家内を連れて行った。その時、中国国内にはそういった娯楽施設がまだなかった。せっかく東京に来たから、施設を楽しんだり、見聞を広げたりするように手配してはいるが、ともあれ、自分の目で、思う存分に異国である日本なりの風景を楽しんでもらえるのは何よりも今回の親族訪問の一番の目的だった。

しかし、あいにくゴールデンウィークだったので、上海への航空券が手に入らなかった。やむを得ず、入管局へ一週間のビザ延期を申し込みに行った。どうせ日本に来たのだから、ついでに、配偶者付き添いのためのビザ申し込みも一緒にしようと思って、前以て用意しておいた、ビザ申し込みに必要な資料を提出した。「事を謀るのは人の力によるものだが、事を成すのは神の力によるものだ」という中国の諺で示された通りに、やるべきことは既にやってしまったので、残りは、朗報が一日も早く訪れるようにと心より祈るしかない。

誠心誠意でさえあれば、神様をも感動させ得るわけだ。申込書を出したら、一カ月も経たないうちに、許可を届けてくれた。その知らせを聞いてからの筆者は夢を見ているのではないかと錯覚した。あまりにも意外で、まるで宝くじに当たったかのような気持ちになった。あの年は筆者にとっては、幸運に恵まれていた、ラッキーな年だったかも知れない。もしくは、民主国家の人道主義が誰にも知られないうちに働いていることのお陰ではなかろうか。夫婦関係なので、一緒になるのは当たり前のことではないか。人道にも合っているだろうし、道筋も通っているだろう。

## 15　緩衝地帯作り　A遠回り式の言い表し方

十数年も、日本に滞在していたので、バイト先、学校などのところで、気のあう日本人の友達が一人か二人ぐらいいいた。性格はともかく、文化背景が違う人達の付き合いは互いに補い合うことが可能だが、同時にトラブルが発生する可能性もある。勿論のこと、その中間で、互いに妥協し合いながら、徐々に接近していくケースもあり得る。ひょっとしたら、この類いのケースは割合多いかも知れない。

ある日曜日、夜に約束があるので、前日に買ったばかりの背広を着たまま、バイト先に行った。専用の作業服に着替えるために、まず控え室に入った。パートナーである佐藤君が先に入っていた。「おはようございます」と挨拶を交わした。佐藤君はふざけ半分「決まってるなあ。いい背広だね」と揶揄した。また背広の左袖の上に貼り付けてあるラベルを指しながら、「それ、何か特別の意味がある?」と聞いた。

しまった! うっかりしていたせいで、そのラベルを外さないまま出掛けてしまった。だが、中国同胞の場合には、聞き方は全く違って、一直線に突っ込むことが多いに違いない。「馬鹿だね」とか、「田舎者だね」とか、そういった決まった口調だ。効率的な言い方だとはいえ、トラブルを招く種になりかねない。これに対して、日本風の言い方は、見た目には、遠回りで非効率的だが、トラブルを起こさずに済むことで、このような婉曲的な言い方が却って近道になるかも知れない。

日本人の言い表し方が曖昧だという噂をよく耳にした。その日、身をもってその曖昧さに触れた。そのような言い表し方にあまり慣れていないとはいえ、大した違和感がなかった。逆に日本人パートナーの心との触れ合い、及びその異国の文化から、今まで感じなかった特別な味わいを吟味することができるなんて、願ってもない喜びではなかろうか。そのような曖昧な言い表し方に託したコミュニケーションも、聞き手に対する話し手の心遣いの表れの一つではないだろうか。

トラブルを起こさずに済むことからみれば、その遠回りの言い方、あるいはその曖昧な表し方は「緩衝地帯」を築き上げるための役割を果たしているではないか。物と物との間に、あるいは人と人との間に一定の空間をおけば、摩擦を起こしたり、衝突したりするための物理的なあるいは心理的な障害を取り除けるはずだ。例の曖昧さは空間創りに当たるものではないだろうか。その空間、その緩衝地帯はトラブルの発生を食い止めるための働きなので、調和的社会を築き上げることに繋がるわけだ。

そのような緩衝地帯作りの発想は既に日本の文化土壌に根を張っており、文化基盤の一部になっている。生活の上でも、経済の上でも、その発想の影はよく見られる。「大店法」はその典型的な例だ。見た目には、現代的な小売業と伝統的な小売業の釣り合った結果だ。しかし実際は、その発想は法規を定める時の具現化的な物でもあった。その発想に因んだ「大店法」は大型小売業と小型小売業の共存を図ったり、その共栄環境を営んだりすることによって、結局、調和的な小売業社会を作り上げたことになる。

# 16　緩衝地帯造り　Bラブホテル

日本に来て間も無く、生活も勉強もまだ不安定な状態に置かれていた。一番悩んでいたのは、就業時間の面でも、交通の便の面でも、気に入ったバイトがなかなか見つからなかったことだ。ある日、バイトの募集を調べてみると、ある募集広告に目を奪われてしまった。ラブホテルの求人情報だった。その時、ラブホテルはまだ初耳だった。でも、要求された条件はそれほど厳しくなかった。待遇も甘い方だった。その上、交通も便利だった。山手線の沿線にある鶯谷駅の近くで、池袋駅から電車を利用すれば、三十分もかからないところにあった。クラスメイトのもう一人も応募してみたいと言った。

そこで、二人で、山手線に乗って、鶯谷駅で降りた。出口を駅員に聞いて確認してから、駅を出た。すぐそこで、何軒もの立派な建物を見つけた。普通の建物と違って、こぢんまりとしていて、凝ったデザインで、まるで童話に出てくる建物のような感じがした。周りは非常に静かで、人影も見られなかった。こんなところで、そんな商売を営んでいるならば、世間の目から利用客のプライバシーを守れるに違いない。こうして、アドレス（営業場所）を指定する際にも、経営者の至れり尽くせりの心遣いが示されているのではないだろうか。

ところが、そういった店はみんな夜型なので、昼間、誰一人とも会わなかった。結局、この類いのバイトはやることがなかった。とはいえ、好奇心のためか、却ってそれに興味を持ち始めるようになった。筆者なりの理解では、愛人同士のデートなら、闇でこっそりとやる方が世間の目を逃れるためには良い。何故「ラブホテル」という看板を高く掲げてやるのかと中国大陸出身の人達からきっと疑問を投げられるだろう。

「看板」に関しては、ラブホテルに限らず、日本のヤクザ組織も堂々とその看板を出しているシーンがテレビドラマでもよく見られる。多分それは「窮鼠猫を噛む」という諺から、得られた示唆だろうか。つまり、相手を死地にまで追い詰めることなく、一定の生存空間を与えるというわけだ。そうしたら、喧嘩や紛争などの内輪揉めも引き起こされずに済むのではないだろうか。また「看板」があるからこそ、世間の目に晒されるため、度を超えないように、自律性を強いられているのではなかろうか。ひょっとしたら、その裏には、日本の独特の文化あるいは習わしが、長年にわたる生活の知恵によって巧妙に仕組まれているのかも知れない。

日本においては、違う人達、違う欲望に一定の自由な活動のための空間を与えるというような伝統がずっと昔から引き継がれてきた。ラブホテルから連想することができたことは、生理的欲望や感情的欲望などのことだった。マズローの欲求段階説によれば、前者は低いレベルのニーズに属しており、後者は中級レベルのニーズに属しているということだ。どっちも生まれながら持っている本能によるものだ。よって、食い止めることは不可能なことだ。そうだと捉えるならば、それと対照的に、欲望をよりよく通らせるための捌け口を作り出すことだ。つまり、その生理上の要請、感情上の要請にも一定の空間を与えればいいということだ。ラブホテルはこのような生理上や心理上のニーズからの摩擦を遮断するための「緩衝地帯」の一役を担っているのではないだろうか。

注意すべきことはその欲望の度合い、限界などと関わるものだ。これこそ、法律、道徳などが果たすべき役割ではないだろうか。これもそれらが存在する価値の所在だったろう。実は塞き止めるためのブレーキのような措置は日本の日常生活の中に設けられている。しかし、人々から意識されていないことだった。例えば、日本人が幼い頃から「人に迷惑をかけないように」と教えられてきた躾は、ずっとブレーキのように働くことになっている。欲望が限界のラインの寸前にくると、その躾がブレーキのように自動的に制御するようになっている。換言すれば、ここのブレーキも緩衝地帯のような役に当たるものだ。

## 17　緩衝地帯造り　C不動産仲買

毎年三月頃は「引っ越し」のシーズンだとされている。これは「財政年度」と密接な関係があるからだ。「学校年度」も「財政年度」と一緒だから、企業年度も納税や雇用などの関係で、この両者に合わせて、アプローチせざるを得なくなった。それゆえに、四月一日から、三者ともにスタートすることになっている。こうしたことを背景として、学生達が学生身分から社会人へと切り替えると同時に、学校の辺りから会社の辺りへと引っ越しをする姿がよく見られる。

「引っ越し」といったら、筆者はこれまで何回もしたことがある。一回目は杉並区の高円寺駅の近くにある三畳と六畳の物件だった。三カ月後、それを友達に譲った。その後、豊島区の池袋駅寄りの所にある四畳半の部屋に引っ越した。だが、その部屋は家内の同僚が気に入ったので、筆者はそこから出て、やむを得ず、また高円寺に戻った。今度も相変わらず四畳半の部屋だった。日本に来て、半年も経たないうちに、借り家のことで、不動産屋と三回もやりとりをした。家内がすぐ来ることになると、四畳半の部屋は狭すぎるから、また不動産屋を訪ねなければならなかった。

よって、借り家のことで、あちこちを回ってきた。遂に小田急線の沿線にある経堂駅寄りの所で気に入った物件を見つけた。台所とトイレのほかに、庭も付いている四畳半の部屋だった。早速契約書にサインした。ようやく落ち着いたので、ほっとした。臨時にしろ、短期にしろ、住む所がなかったら、暮らしはとてもできない。渡り鳥のような我々にとっても、臨時でありながらも、どうしても、身を置くための「巣」が欲しい。人間も、一旦住むところを決めたら、鳥と同じように、夜になると、独りでこの「巣」に戻ることになる。

この性向は人間だけでなく、他の動物も同じだそうだ。これは生まれながらの本能だそうだ。家については、今まで注目されてきたのは「身」という肉体を置いたり、休ませたりするところにあることが一般的だった。これに対して、「心」という精神と関連があるものは今まで見逃されがちであった。例えば、家はプライバシーを確保するための場所、柔弱や、醜悪まで受け入れられ得るための場所、または傷だらけの心身を治療するための場所だと見做されてもよかろうか。

ところで、不動産業の商売繁栄は日本のこのような特有の財政年度のお陰だと言っても言い過ぎではなかろう。無数の小さな借家でミニ城のように、囲まれることによって、目に見えるほどの緩衝地帯ができているのではなかろうか。そうだとしたら、前章で触れた通りに、不動産業も言うまでもなく子々孫々末長く引き継がれていく永遠に絶えざる調和的社会創りのために、自分なりのやり方でその役割を果たしているのではなかろうか。

短期滞在者としての我々は、通りかかる渡り鳥と言ってもいいぐらいだが、それでも、住み良いところは誰にとってもいいものだ。「渡り鳥」と呼ばれている我々であっても、「受」側にのみ立って、受動的にいただくだけではなく、たまに「授」側に立って、能動的に差し上げることもしなければならないのではなかろうか。今度、世田谷区への引っ越しを契機に、妻と一緒に、安らかな地域作りに参入して、微力だと分かりながらも、力を捧げてみようと決意した。

# 18　日本滞在中の二つ目の交差点

聴講生の一年のコースもそろそろ修了する頃になった。つまり、日本の滞在中、二つ目の交差点が目の前に迫ってきたというわけだった。その時、帰国するつもりはまだなかったから、残りは依然として進学する道しかなかった。そんな時、まだ付き合っている日本語学校就学時の友達のことを思い出した。彼はSS大学で法学を専攻しているらしい。そこで、電話をかけてみたら、その学校の看板とされている学部は経済学部だと勧められた。「学校に行ったついでに、願書を一部とってきてね」と頼んでおいた。筆者は面倒臭がり屋だから、進路をその学校のみに絞ろうと決めた。

決めた以上、入試のために、準備しておかなければならない。だが、準備にどうやって手をつけたらよいのかさっぱり分からなかった。どうせ、何とかなるという考えで、相変わらず、毎日バイトに明け暮れていた。翌日、入試があっても、依然として夜十時までバイトをしていた。傍から見たら、ちょっと自分の人生に無責任ではないかと思われるかも知れない。もし受からなかったら、どうするつもり？　正直に言えば、打つ手は何一つなかった。その時、スイ力の皮を踏んでいるように、どこまで滑るのかはその皮次第だ。その心境は『時の流れに身をまかせ』というテレサ・テンの歌のタイトルにそっくりだった。

入試の日、筆者にとっては、プレッシャーなどと思うものは全然なかった。何の準備もしておらずに来たので、却って気楽だった。賭け事のように入試にかけたものは、その一日と入試のための手数料でしかないので、経済学における投入と産出の視角から見れば、それらは既に覚悟しておいたリスクであり、無視されてもいいぐらいのコストでもあった。筆記試験の結果としては、良さそうだった。面接の時、先生方がたくさん褒めてくれた。日本人は褒め上手なので、教養の枠に嵌められた礼儀上の表れにすぎないかもしれない。それにしても、その褒め言葉を聞いてからの筆者はうきうきしながら、もう合格しそうだと直感した。

結果は筆者の直感した通りだった。幸いなことに、この二つ目の交差点を無事に渡ったということだ。今度の入試は人生の舵を取り戻すきっかけになりそうだった。八〇年代、大陸から日本に来た人達の中の、九割以上の人が目指していたのは金のみだと言っても言い過ぎではない。その時、中日両国においては、その一人当たりの所得の格差は大きく開いていたからだ。つまり、日本の国土を踏んだその一瞬をスタートラインと捉えてみれば、皆狙っている獲物は同じだった。それでも、永遠に変わらない状態でいられることはなく、その状態を抜けだそうとする人がかなり居た。筆者もその中の一人だった。

パターンと言えば、大まかに二種類挙げられる。一つは、計画を立てた後、何とかするパターンだった。もう一つは、無計画のままに、何とかなるパターンだった。しかし、後者が多数を占めているようだった。このようなパターンを歴史的縦軸においてみれば、筆者達は明らかに大志なき世代の固まりだと言えるだろう。特に前の世代である魯迅先生方と比較するならば、この特徴は更に顕在的だった。我々はこの時代に恥をかかせているのではないだろうか。

この両者に関して、こんな格差ができている理由は一体どこにあるだろうか。筆者のようなものを作り上げたのはこの時代そのものではないだろうか。周知のように、英雄は時代によって作られたものだ。この世代が罹った病こそ英雄になろうとする腕前を磨くための道具あるいは手段だ。言い換えれば、時代の要請、必要性、発注に応じて英雄が生まれるわけだ。世間の罹った病の重みによって人材の腕前の重みが決められるのだ。ここで、魯迅先生を例にすることにしよう。

医学から文学へと切り替えようとする決意は、世間の罹った肉体上の病より、世間の罹った精神上の病の方がずっと重いというような判断にある。世間のその時の現状は、魯迅先生が判断なさった通りだった。魯迅先生が書かれた文字の重みも世間の罹った病の重みによるものだった。よって、「英雄は時代によって作られた」という言い方は成り立ったということだ。逆に言えば、筋も通るのだ。大志なき世代とされている我々は、我々自身のせいではなく、誰かのせいにしようとするならば、やはりその平凡な時代のせいだろう。責めようとするならば、その時代の平凡さを責めればいい。そよ吹く風の元でできてきた人間は平凡な人間でしかないからだ。

# 19　歌舞伎町のあれこれ

新宿駅の東口にある歌舞伎町一番街は、覗き部屋、ストリップ、ソープランドなど性と関わりがある商売で有名になった。この町はアジアで一番大きな、情け売る里とされている男性向けの街としてよく知られている。聞くところによると、ここの商売はヤクザ組織と何らかの関わりがあるそうだ。この類いの産業はどう類型すればいいのか？　第三次産業の娯楽業と見做した方が適切だろう。娯楽業である以上、その繁栄指数も経済景気の度合いと正の相関関係にあるはずだ。「衣食が足りて淫欲を考える」との古い諺で指摘されたように、収入水準が上がれば、個人総支出額の中に、それが占める割合も上がるはずだ。

しかしながら、この類いの商売は公に許可されることが稀なことだ。日本では、禁止されていないものの、ある程度規制されているとのことだ。それらを灰色地帯に放置させておく国が多い。許可も、禁止も曖昧なままになっているが、却って時代の風に応じて選択する余地が残っている。「愛」は永遠の話題になっているように、「性」も永遠の話題になっている。動物の交尾は季節に左右されているそうだが、これに対して、人類の性は季節と全く関係が無く、年中無休だ。それだけに、それはどうしても重要視されねばならない。さもないと、大きな社会問題になりかねない。

中国の春秋時代、斉国の宰相管仲は財政収入、社会安定などを考慮して、政府経営の花柳界を登場させることにした。これまで男女の間に結ばれてきた関係は肉体と精神との両者が癒着しているかのような有様だった。しかし、この花柳界の登場をきっかけに、肉体と精神は別々に分かれるようになった。つまり肉体と精神との間の繋がりはこの職業の誕生で遮られることになった。この繋がりが遮断され得るからこそ、このような性をめぐる取引が成り立つわけだ。管仲のこの壮挙に与える評価は視角あるいは立場によって随分違う。

そのデメリットを列挙してみよう。まず思い付いたのは性病の伝染だ。続いて、取り上げられるのは、風俗を害する恐れがあることだ。もし取り消されたら、このようなデメリットも消えてしまう筈だ。だが、それらに取って代わる他の被害が出てくるはずだ。例えば、生理上の欲望の捌け口であるソープランドなどが閉められたら、それと対照的に、姦淫事件が頻繁に起こるに違いない。また、家庭倫理を叩き潰すような浮気なども現れるはずだ。潜在的でありながら、一夫多妻制が再び台頭するだろうと懸念するのも無理はない。

九〇年代の初め頃のことだった。ある日、北京から来た環境保全代表団を東京都内のあちこちへ案内することになった。昼間は買い物をするために、電化製品の街である秋葉原や新宿駅西口のカメラの街などを歩き回った。近年注目の的になっている、日本での中国大陸からの旅客による「爆買い」にまで至らなかったとはいえ、見る見るうちに、荷物が増えていった。夜は、歌舞伎町はやはり人気がありそうだった。その要請及び好奇心に応えて、早速新宿東口へ連れて行った。町中でネオンがピカピカ光っており、ちょっと目が眩むような夜景だったが、さすが活気に溢れたアジア一の花柳界だった。

ストリップショーを見たいと言われたが、残念ながら、その好奇心を満たすことができなかった。主催者側であるその商社は、そのような予算を組んでおかなかったからだ。それはそれとして、資本主義の国家を考察したつもりで、歌舞伎町を一周した。もしかしたら、代表団のメンバーにとっては、残念な気持ちが残ってしまったあのショーは却って、一番印象深いかも知れない。その神秘感にまた神秘感を積み重ねてしまったからだ。その好奇心を満足させ得るように、その神秘のベールを外せる日がいつか訪れるだろう。

生まれながらの本能を圧しようとしても、なかなか圧することができないことは事実だ。それについて分かっている以上、中国の諺にあるように「二つの悪を比較した上で、軽い方を選べばよい」というようにしてみればどうだろうか。許可してもいないし、禁止してもいないから、即時の事情に応じて、適当に対処していいというような「灰色の空間」造りを望んでいる人々が数多いらしい。というのは、そのような売買は社会に必要な悪だと捉えられているからだ。この捉え方を基にしているからこそ、この商売は数千年にもわたって繁栄と挫折との繰り返しの一途を辿ってきたというわけだ。

# 20　新華僑の中における新しい動き

日本語学校での就学の閉幕が目の前に迫ってくるにつれて、中国大陸から来た人々は幾つかの流れに分けられ、自分に相応しいと思う方向へ進むことになった。その中で多数派を占めていたのは進学をしようとする人だった。「進学」といっても、狙いは様々だった。単純に学歴と学位を獲得するために進学する人もいれば、ビザを目指して進学する人もいる。入った学校の種類を見ただけでも、その目的は一目瞭然だった。専門学校は疑われる余地が十分ある。そして、言語コースを修了したら、すぐ帰国する人もいるが、少数派だとされている。残りは不法滞在者になってしまう人たちだった。

冒険指数から言うと、そのまま帰国した人々は一番低い。やはり求めようとするものは人によって違う。自己価値の実現を目指すといったダイナミックな人生より、穏やかで、比較的にスタティックな人生の方が望ましいと思われているからだ。帰国者とは正反対に、不法滞在者は冒険心に富んだタイプなので、冒険指数が一番高い人達の塊だった。進学者はこの両者の間に挟まれている。次に、わかりやすくするために、それらをアルファベットで表現してみる。

仮に、不法滞在者、進学者、帰国者を順番にA型、B型、C型にすることにしよう。そうすると、冒険指数がこの順番に逓減していくことが明確になる筈だ。

ところで、帰国者を除けば、進学者にせよ、不法滞在者にせよ、そのまま定着するわけではなく、数年後再び分流が起こることになる。ここで言う再分流については、専門学校での学習を修了した後、帰国するか、不法滞在するかあるいは第三国に移民するかというような選択肢があるということだ。これに対して、不法滞在者は不法滞在したままにするかそれとも帰国するかである。もしかしたら、第三国に移民するという選択肢の方が彼らをより魅了するかも知れない。それはリスクを好む度合いによって決められているわけだ。

A型は、福建省出身の人達が多数を占めているらしい。福建省出身の人達の先祖は開拓者として、その足跡を東南アジア諸国を始め、世界各国へと広げていったために、福建省は広東省と肩を並べて華僑の故里だと古くから称されてきた。その先祖は無意識にその伝統を血液に託して子々孫々に渡すことになった。その意味では、その人達はそれを貴重な遺産として先祖から受け継いでいるわけだ。そのため、二十世紀と二十一世紀を跨る新しい時代においては、その人達の身体の中に流れているダイナミックな血液がまた活躍ぶりを見せてくれるだろうか。

世界で広く知られている商人を取り上げてみれば、大きく三つに分けられるそうだ。彼らはそれぞれ次のような特徴を示している。ユダヤ人は頭によって売買を営むことで、名を博しているが、インド人は言葉による説得力で商売を操るテクニックを売り物として知名度を高めている。この両者に対して、中国人は足で世界中を歩き回りながら、ビジネスチャンスを掴んで商売を営んでいることで有名になってきた。その足で歩き回るプロセスとは、自分に相応しい商売の契機を掴んだり、住みよい環境を求めたりし続けるプロセスのことだ。創造より移動の方が、コストが低いからだ。つまり、経済学の原理は、こっそりと、その足による移動の裏に見事に働いていているわけだ。このような効率的な富の蓄積の方法のお陰で、一世代の短期間において、富の王国が築き上げられたケースは華僑社会の中で稀なことではなかった。

経済のグローバル化が進んでいる今日では、福建省出身の人達のその特徴はまた台頭することになった。中華人民共和国創立までに、華僑の足跡は主として東南アジア諸国を中心に世界各地に広がっていったのに対して、中国改革開放以来、その人達の足はラテンアメリカや南アフリカまで延びていった。その上、その足跡は世界のあちこちに残っており、その影響力は世界の隅々まで及んでいるという状況だ。そして、他の地域の人達も参入することによって、今もその陣営は一層拡大されつつある。

# 21　先輩文化現象

日本語を習ったことがある人なら、「先輩」という語彙はきっと知っているだろう。それを目にしたら、後輩を虐めた事件まで連想するかも知れない。これはさておき、ここで触れたいのは日本の日常的な生活の中に浸透して、日々の行動の中に表れている文化現象のことだ。日本で暮らしていた十数年間、「先輩」と関わる文化現象に対して深く印象づけられたことがある。不文律だが、その規則は各領域において働いているらしい。拒否しようとしても、受け入れようとしても、先輩及びそれと関連がある文化現象は国民全員の胸の中に根強く据えられている存在なのだろう。

この規則においては、後輩の立場に置かれている人は心より先輩のことを敬っているために、独りでに先輩の言い付けに従うことができるのみならず、先輩の立場に立っている人も目上としての自尊を損なわれないように、自覚的に先輩としての立場を背負うことができるのだ。よって、先輩としては、意識的に自分の持っている長所を示したり、後輩の過ちをカバーしたりするわけだ。前人の業績を認めたり、敬ったりするからこそ、出発点はどこにあるのかを明らかにすることが可能になるわけだ。そうすれば、目指していこうとする目標に焦点を絞ることができる。これこそ、この「先輩文化」が無形な文化財だとされている理由の所在だろう。

人類の歴史はリレーのようなものだ。順調にいけば、物事をスムーズに運んでいけるはずだ。しかし、足踏みするならば、原点をぐるぐる回ることもあり得る。悪くなると、出発点が分からないし、方向も逆に動いていれば、進むどころか、却って逆戻りする羽目になることもあり得る。こんな窮状の発生を免れられるのは、先輩文化があるためだ。先輩役を担当するための役者がいる限り、大きなミスを招くことなく、リレーのように次から次へとうまく行くはずだ。

「先輩」という役者は、そのリレーにおける「先人の後を受けたり、未来を開いたりする」というような肝要なところに位置付けられている。このように手渡されたり、累積されたりした文化財は割合に糟粕が少ないだろう。先輩としての誇りや責任を背負っている立場を念頭に入れている以上、いい加減に手渡したりするなんてありえないからだ。これに対して、五千年もの歴史を持っている中国においては、その「先輩文化」という古い伝統が失われつつあることが窮状だ。それゆえに、文化財のストックから選別したうえで、取り出すより仕方がない。

だが、文化財のストックから選別するに当たっては、それを行う人の価値観に左右されがちになる。つまり、真髄に限らず、糟粕も選別される確率が低くないというわけだ。どうやってこのことは回避され得るのか。仮に、物事に評価を下すための組織が存在していれば、文化遺産を受け継ぐといったリレーにおいては、糟粕を真髄として文化財を引き継いだり、手渡したりするというような過ちを犯す行為を排除することが可能になるだろう。ただ、責任の所在が明確になっているという意味では、先輩による担当の方がより合理的で、しかも効率的ではなかろうか。

先輩文化現象に関しては、たとえこの先輩が無能な人で、「未来を開く」ための役割を果たせなかったにしても、その前の先輩から受け継いだ文化財をそのまま渡しさえすれば、文化の断層現象をもたらすことがなくて済む。従って、無能な先輩であっても、その前の先輩と目下の後輩との間のパイプ役ぐらいの働きは果たせるはずだ。もし才能のある先輩だったら、受け継いだ文化財の上に、また何かを付け加えていれば、もう一歩先に進むのではないだろうか。よって、文化財を引き継いだり、渡したりしているこの果てしないリレーにおいては、その先輩に取って代わるものはいないと位置付けられてもよかろう。

# 22　爆買いの裏にあるロジック

ここ数年、中国大陸からの旅客が「爆買い」と呼ばれる消費行為を行っていることが日本のマスコミの注目の的になっていた。大陸の旅客によって呈示されたこのような購買力は旅行会社を始め、メーカーや商社を大変驚かせたが、それと同時に、大いに喜ばれていた。購買力の他に、この消費行為から一体何を読み取れるのだろうか。政治的なイデオロギーを抜きにして、一言で言えば、これは貨幣で商品に対して自発的に投票を行う消費行為にすぎない。このような投票は何を意味しているのだろうか。

この投票行為の裏には、経済学と切っても切れない消費効用が働いているのだろうと思う。消費効用とは消費による悦びのことを指していう。売買行為である商品交換は、異なる労働と労働の交換だと理解することができる。よって、商品の品質の本質は労働の品質の優劣にある。消費からもたらされた悦びの大きさは商品に掛けた労働の品質の優劣によるものだ。労働の品質の良し悪しは既にこの「爆買い」現象によって証拠づけられた。見た目には、この「爆買い」現象は常軌を逸しているようだったが、実際には、この現象は貨幣で商品に含まれた労働を賛美するための理性的消費行為の現れだ。いい品物こそ、その消費から得られた消費効用も高いからだ。

ところで、労働の品質の良し悪しはまた、その労働に従事する人の働きぶりによって左右されるわけだ。日本人の勤勉さは世界でもよく知られている。その勤勉さを示すための秤としては、二つ取り上げられる。即ち労働の量と質との両者だ。年間労働時間に関しては、日本は西側工業先進国で一番多いとよく指摘されている。二十世紀の八〇年代から九〇年代にかけて、その顕著な例として、働き過ぎによる過労死事件が頻繁に起こったことは、当時の労働実態を表している。その労働の質については、日本製の商品が人気があるということだけで、日本人の労働の質を十分に物語っている。

日本で暮らしていた十数年の間、バイト先や会社で日本人とよく付き合っていたために、日本人の仕事ぶりはこの目でよく見てきた。一言で評価すれば、申し分がないと言ってもいいぐらいだ。何となく日本人は宗教式の誠心誠意あるいは一種の信仰としての気持ちで仕事をしているというような気がする。日本人の目からの仕事は実に神聖なる事業のようなものだった。この仕事ぶりには二つの意味合いがあるように思う。一つは生計を立てるという意味で、会社に対して恩返しの気持ちがあるということだ。もう一つは、自分の名誉や誇りなどを託しておくための事業だ。

前者なら、会社に悪影響を与えるストライキなどを免れ得る。そのため、会社の運営の妨げにはならずに済むわけだ。その上、日本の会社の構造をみれば、エリートと平社員との間の格差はそれほど開いていないし、また、資本と労働力との間の格差もそれほど大きくない。マルクス主義者の言葉を借りれば、剰余価値を搾取する度合いはそれほどでもないようだ。そのお陰で、社員全員の結束力が固まっているわけだ。そうすれば、会社の運営にも、会社の発展にも有利になるはずだ。このようにして、労使関係が調和的であるこのような会社は、恩返しの気持ちと事業としての仕事の二つからなされた仕事ぶりの受け皿あるいは舞台になっている。

前者のようなことがあるからこそ、「事業としての仕事への至極の拘り」というような宗教的修業の心の持ち方が可能になった。また、後者があるからこそ、今のような日本が成り立っているわけだ。経済学の生産三要素の一つである人的資源は変数なので、マジックのような存在になっている。要するに、縮小も、拡大もあり得ることだ。定数である土地、資本に対しては、人的資源のような要素の中に、学歴、勤勉、熟練度、管理水準、製品開発戦略などの多岐にわたる変数が含まれている。これらの変数を他の二つの定数としての要素と巧みに組み合わせれば、1＋1＝2をオーバーする拡大の効果が期待され得るはずだ。

戦後、二十年間ぐらいしか経たないうちに、日本はアメリカに次ぐ世界第二の経済大国になった。その秘訣はどこにあるのか。それはマジックな存在としての人的資源にあるのではなかろうか。勤勉なことに加え、専念する根性が人的資源にあるのではなかろうか。「爆買い」というような実を結ぶための因は、マジックを持っている正変数である人的資源だ。このような人的資源があるお陰で、日本製は有名なブランド品あるいは身分の目立った名刺として世界中に認められている。

# 23　日本なりの混合現象

日本に着いた翌日、すぐ区役所へ外国人登録証を申し込みに行った。その場で、ついでに、国民健康保険にも加入した。収入がない学生なので、年に三百円を納めればいい。この種の保険は国民全体をカバーするということだった。病気にかかった場合、自分で三割しか負担しないそうだ。もし大学在籍の留学生の身分だったら、学校側はまた別のルートを通じて、学生のかわりにその三割分の中の一部分を負担してくれることになっている。結局、個人の負担は僅かなものでしかなかった。資本主義国家においては、そこまでカバーしてくれる福祉があるとは思いもよらなかった。そのためか、日本は社会主義国家だとの錯覚に陥りそうになった。

このケースから分かったのは現実の資本主義と、教科書に書いてある資本主義との間の乖離あるいはギャップがあまりにも大きかったということだった。教科書に書いてある資本主義は昔のままの資本主義だったろう。それは改良されないままの、原始的でしかも純粋な資本主義なのかも知れない。しかし、数百年にわたって絶えず非市場要素を取り入れて、出来上がった資本主義は、既に混合資本主義あるいは混合市場経済へ生まれ変わったものだ。

その上、二十世紀中頃、ケインズ経済学が登場したのをきっかけに、金融政策、財政政策の作成や実施などの正当性が成り立つことになった。その後、マクロ経済を調整したり把握したりすることも政府の仕事の一部分だとされることになった。つまり、政府は自らの手を以て国民経済の脈拍に当てながら、また目に見えない神の手と交替したり、お互いに手を組んだりして、国民経済を制御するわけだ。

ここの非市場要素と市場要素の混合現象から、日本語に見られる混合現象が頭に浮かんだ。日本語では、和語、漢語、和製漢語、外来語など、一見ばらばらなものが有機的に融合されたり、巧みに組み合わせられたりした結果、一つの系統に統合されている。見た目にはこれらは散らばっているが、「和魂漢才」あるいは「和魂洋才」との理念に基づけば、求心力あるいは牽引力のようなものになっている「和魂」のお陰で、その結果として、それらは日本語を中心に集合して固まったことになるだろう。

このように融合された物事は、人間及び動物の混血や植物の交雑などのような遺伝学上での混合と同じように、却って活気に溢れ、生命力が一層旺盛になる。仮に、それらを使いこなせれば、中国の言葉の導入にも、欧米の言葉の導入にも、有利になるはずだ。そして、このように導入されることによって、言葉のストックに絶えず新鮮な血液が注ぎ込まれているので、その新鮮さをずっと保ち続けられるわけだ。

混合現象は遺伝学や言語学などに限らず、他の領域でもよく見られるようだ。というのは、混合することによってインパクトを与えられて、元のままの状態を打ち破ることができるため、生まれ変わるメリットなどが出てくるからだ。この変化のプロセスは遺伝学と言語学に当てはまるだけでなく、社会学などの他の領域にも通用するようだ。このような混合によって表された生命力がそれだけ強いから、遺伝学の上での混合に端を発して他の領域にまで行き渡っていく趨勢を見せてくれるだろう。

もしかしたら、この混合はまた日本なりのもう一つの特徴なのかも知れない。人種からみれば、日本人は単一民族ではなく、大和族、漢族、朝鮮族、アイヌ族などからなった多民族の構成あるいは混合だ。既に触れた通り、混合したことのお陰で、互いに補完しあったりして、その強みを顕在化したために、1＋1＝2を上回るメリットが出てくる。戦後、日本人の身長が伸びたり、ノーベル賞も多く受賞されたりした例は多民族で混合した結果ではなかろうか。

始めに触れた健康保険などの社会学の領域における混合現象は、遺伝学上での混合と言語学上での混合と同じように素晴らしい実を結ぶだろう。ひょっとしたら、その混合においても、工業製品と同じように、「日本製」の精緻さ及び至極さを再現するかも知れない。

# 24　外来文化の導入について

個人であろうと、民族であろうと、国家であろうと、学習能力は何よりも大事である。この世の中においては、前進しなければ徐々に立ち遅れていく一方だから、淘汰されるのも無理はない。学習こそ、このような窮状を一掃するための良い方法だ。学習能力をおおまかに分ければ、二種類ある。それは、縦軸学習と横軸学習である。前者は、歴史軸において、祖先に習うことだ。後者なら、横並びに、国同士で習うことだ。いくら優れた民族でも、学習能力が失われてしまったら、その未来は見えなくなるはずだ。

学習対象を評価するに当たっては、取り入れようとする物事を食物に例えれば、身体にプラスでさえあれば、良い物だと見做してもいい。外来文化を導入する際にも、この評価基準は通用するはずだ。取り入れようとする物事が国家の長期的発展に有利に働きさえすれば、良い物だと思ってもいい。もう少し具体的に言うと、外来文化に対する姿勢、及び外来文化の捉え方などの姿勢を指す。ここでは、まずその姿勢に焦点を当ててみよう。

姿勢あるいはあり方といえば、二つ取り上げることができる。それは、開放的姿勢か、もしくは閉鎖的姿勢かである。歴史軸においては、開放は日本の伝統になっているということがわかる。例えば、日本の「仮名」という文字は中国の漢字から生まれた物だった。それにとどまらず、中国の語彙、中国のことわざを始めとした中国の文化なども、日本語の中に深く浸透している。そういった歴史があったからこそ、外来文化は日本人にとっては何の違和感もなさそうに見える。

特に、日本人は中国から伝わってきた文化を「外」とせず、完全に「内」として取り扱っている。この点については、和語、漢語、和製漢語、外来語などの分類方法からも多少は窺える。この姿勢は古代に限らず、近現代においても、そのまま受け継がれている。そのお陰で、欧米に習う優等生として、文化を始め、欧米諸国の政治制度、科学技術などを何の抵抗もせずに取り入れた。それらをスムーズに導入させてきたお陰で、十九世紀の終わり頃、日本はアジアにおける唯一の近代国家になっていた。

次に、外来文化の捉え方に触れてみよう。これは選択の仕方に関わることだ。選択する際は、価値観によって左右されがちになる。しかし、取り入れようとするターゲットがどの国のものだろうと、また誰のものだろうと、自国にとってプラスになるかどうか、または国民のためになるかどうかというところが重要である。イデオロギーの如何を問わず、敵味方の如何を問わず、既定の目的を達成しさえすれば良い。

隣国である韓国の場合、民族主義にあまりにも拘っているので、惜しいことに、無形文化財としての漢籍は図書館の飾り物になっている。戦後、漢字や漢文などの教育が廃止されることになったから、若者は既に漢字や漢文などへの文盲になっている。有識者達は既にそれを意識してはいるが、その現状を変えることはそんなに簡単なことではない。

韓国と対照的に、日本は民族主義が強いとはいえ、外来文化に対して開放的姿勢をとっている。本国と外国との間のパイプがあるということで、本国文化の新鮮さを保てると当時に、本国文化のストックをも充実させ得る。このケースから得られた示唆は外国文化を導入するに当たって、目的と手段を明確にしておかねばならないということだ。外国文化はあくまでも本国文化に奉仕するための手段にすぎない。したがって、目的と手段の位置を引っ繰り返して逆用するといった本末転倒の窮状は回避しなければならない。

# 25　東京の地下鉄

日本滞在中、よく利用していた交通機関は電車だった。日本に来たばかりの八〇年代の終わり頃、上海では地下鉄のような交通機関はまだ整備されていなかった。(注1)そのため、比較しようとしても比較することができない。それでも、上海の町を走っていたバスと敢えて比較すれば、電車の方が速いし、そして時刻表通りに運行するので、速かったり、遅かったりしたことはまず無い。それに、路線網は蜘蛛の巣のように張り巡らされているので、都内の何処へでも行くことができる。そのため、「本当に便利な交通機関だね。上海にも整備されればいいなあ」と思わず感嘆させられた。

ところで、上海人民広場駅で電車を乗り換えたことがある乗客は、プラットホームの混み具合に驚いただろう。しかし、日本の首都圏のどこの駅もこれと同じだった。ひょっとしたら、東京の方がもっと酷いかも知れない。ラッシュアワーの場合、駅員が客の背中を押して車内へ押し込んでくれないと、電車の扉も閉められないくらいだった。朝八時前後、これは東京の駅のホームでよく見られる風景だった。ところが、缶詰のように詰められた車内は意外にも静かだった。その混雑ぶりに慣れたためか、あるいはそういった事情を覚悟したためか。とにかく、何の文句も言わずに頑張っている様子だった。よって、「乗客の誰もが辛抱強い良民だね」と、一言で褒めずにはいられない。

これに対して、夜の車内は賑やかになってくる。朝の寝不足一色と対照的に、この時の車内は人生の百態が展示されている博覧館あるいは舞台になっている。一日の仕事で草臥れた独りぼっちになったサラリーマンの姿、初々しいアベックの姿、二次会で酔っ払い気味の学生さんの姿など、いろいろと揃っているので、本当に選り取り見取りだと言っても過言ではないぐらいだった。「傍目八目」との言葉のように、筆者は外国人の目でその実態を撮りながら生中継で放送しているようだった。

敢えて上海の電車と東京の電車を比較すれば、一応相違点を三つ挙げられる。一つは電車毎の命名だった。それについては、最も顕著な違いは数字と文字であろう。上海では、アラビア数字で各電車に名付けることになっている。これに対して、東京では、漢字で各電車に名付けることになっている。読者の皆様は何処か間違っているのではないかと思っているだろう。漢字が生まれた故郷では、それを使わないでいるものを、隣国の日本では、それを使いこなしている。明らかにこれは象形文字である漢字の良さを十分に知った後の利口な選択だろう。そういった場面に直面している我々の先祖は、中国文化の精髄を習得したこのような優等生に御褒美のための冠を与えるのだろうか、それとも我々のような不孝な子孫を叱る上、鞭一本で鞭撻するのだろうか。

もう一つは公衆トイレのことだった。東京では、駅がありさえすれば、トイレがついていることは当たり前だろう。しかし、上海では、駅にトイレが付いていないことが常識だ。プラットホームの彼方此方をぐるぐる回ってトイレを探している乗客の姿がよく見られる。一体どういうわけか。仮にトイレが設置されていたら、清掃員を手配しておかなければならないから、人件費が生ずるはずだ。電車を利用する乗客の要求を無視して、コストのことしか考えていないとしたら、こんな始末になってしまうのも当たり前のことだろう。

最後は時刻表通りに運行する正確さだった。都内を走る電車が時刻表通りに運行するなんて、上海出身の筆者にはとても信じられなかった。車両数も多いし、密度も高いから、企業管理上の専門知識のみならず、仕事への情熱と真剣さも欠かせないだろう。そして、常にその状態を保ち続けなければならない。たとえ、ちょっとした油断でも人身事故が起こりかねない。そのため、時刻表通りに運転することは決して容易なことではないだろう。このような企業管理上の至極当然な追求そのものには、感に堪えないと同時に、敬服せずにはいられない。

注1：九〇年代に入ってから、「都市化」との国家規模の開発戦略の下で、上海における地下鉄などの交通機関の整備は加速化されることになった。

# 26　学生役への切り替え

既に大学に籍を置いていたので、本格的な学生になっていた。学校の一年目には、午前も午後も授業があるので、バイトは学校が終わってからするしかない。そのため、学校が終わると、その足でバイト先へ行くのだ。夜、家に戻るのはおおよそ十二時過ぎだった。簡単な食事を済ませてから、お風呂に入り、床に就くのは一時過ぎになることが多かった。その時、大陸から来た留学生は、僕と同じような日々を送っていることが殆どだった。

大学に入って、初めての春休みを迎えた。正直に言えば、この時をずっと待っていた。春休みは留学生にとっては金を稼ぐための絶好のチャンスだ。丸一日利用することができるからだ。一月の終わり頃から、およそ二カ月ぐらいバイトに没頭することになる。学校が始まったら、バイトは夕方からしかできないから、どうしても春休みを十分に使いこなさなければならない。学費の一部分を春休みの稼ぎで賄うことになっているのが、大陸から来た留学生の状況だった。つまり、春休みが始まったら、午前九時から夜十時まで、毎日バイトに追われるわけだ。

三月の終わり頃のある日、家のポストに郵便物が入っていた。取り出して見たら、学校からの知らせと成績表だった。その成績表を開いてみたら、十六個ある科目は全てAだった。それを見た僕はほっとした。同時に誰かに「お宅は学生ですよ」と注意されたような気がした。学籍の再登録のために、週末に学校へ行くことになった。登録手続きをしているところへ、教務課の事務員から声をかけられた。来週、奨学金の面接があるようだ。本当にめでたいことだ。この学年の学費が全て免除されることになるとのことだ。嬉しさのあまり、飛び上がらんばかりだった。

面接の日、面接官からとても褒められた。「この職に就いてから、こんなにいい成績を取った学生にあったことがない。御国から振り込まれたのか」と冗談半分に言われた。僕も冗談半分に答えた。「いいえ、振り込まれたのは成績ではなく、勉強の仕方だ」って。僕の返事を聞いた面接官は微笑んでくれた。また、「卒業後、大学院へ進学するのか」と聞かれたり、「頑張って下さい」と励まされたりした。奨学金の授与リストは既に決まったことだ。面接は奨学金の授与を手配するためのプロセスの一環にすぎない。それはただの建前あるいは形式だけだと思ってもいい。

その奨学金の獲得のお陰で、学費を免除されたので、生活費には余裕が出てきた。とはいえ、バイトは相変わらず手抜きをしてはいけない。奨学金をもらったからといって、これまで営んできた生活パターンを変えることはなかった。でも、家内と相談した結果、その後のゴールデンウィークは、気分転換のために、関西地区の何処かへ旅行しに行こうと決めた。旅行も勉強のうちの一つである。自分の目で、日本のありのままの姿を捉えたり、自分の肌で、日本の風俗習慣に触れたりすることができるはずだ。

# 27　京都への旅行

ようやくゴールデンウィークがやってきた。旅行の目的地を京都にしようと決めたが、日本での初めての旅行なので、旅館などの手配に苦労した。費用をできる限り抑えるために、民宿に泊まることにした。また、節約のためだけではなく、一度は民宿に泊まってみたいとずっと思っていた。民宿に泊まるなら、日本の民間人やいろいろな国から来た観光客との触れ合いを身を以て体験することができるから、留学生である僕にとっては、これは見聞を広げるための願ってもないチャンスでもあった。

予想した通りに、民宿に泊まっていたのは外国人ばかりだった。そのような場面に備えておくために、数カ月前から、テープを聞きながら英語を勉強し直した。そういった人達と、下手な英語に、ぎごちない手振りや身振りなどを加えて、コミュニケーションを取ってみた。意思の伝達はスムーズにはいかないが、大したミスもなく、何となく行けそうな感じだった。幸いなことに、数カ月の苦労が無駄にならなかった。コミュニケーションが取れるようになった分、旅行の楽しみも増加した。

京都は、元々都だったので、古いお寺や庭園などが沢山残っている。例えば、清水寺や金閣寺など、よく知られている有名なお寺がある。東京と比べれば、京都は、歴史の重みを背負っている都市で、躍動的でダイナミックな都市である東京とは対照的に、伝統が保たれている穏やかでスタティックな都市だと強く印象付けられている。その伝統を受け継いだり、保全したりするために、現代と伝統の両者が都市建設に織り込まれているというような気がする。

八階建て以上の高層ビルの建築が禁止されているということで、昔のままの建築物が良く保存されている。その上に、観光客に違和感を与える建築物も殆ど見られない。そのお陰で、都市の全体にわたり、ありのままの姿が残されている。それだけに、筆者を含め、世界各地の観光客を魅了している。家内と、旅行先を京都に決めた理由はおそらくこんなところにあるだろう。「民族に所属されているものであれば、世界に所属されているものでもある」という言い方はここでも通用することができるだろう。

民族性を帯びた特徴こそ、世界中に受け入れられるものになるではないだろうか。言い換えると、そうした特徴があるからこそ、世界のあちらこちらから観光客を惹きつけられるわけだ。それも個性と共通性、特性と普遍性などが有機的に融合されているケースの一つだろう。民族性が個性あるいは特性とされれば、その個性あるいは特性に映された物事の真、善、美は共通性あるいは普遍性だと受け止めてもよかろう。個性があるユニークさに富んだ民族それ自体の美感こそ、全人類に共有されるべき文化財ではないだろうか。このような視点に立って、「民族の所有であれば、世界の所有でもある」と捉えてもいいだろう。

ところで、大学在学中に旅行するなんて、贅沢なことだと思われるかも知れない。自分自身もそう思っている。九〇年代、全ての出費をバイトで賄う大陸から来た留学生にとっては、確かにその通りだった。しかし、たまには贅沢だと思われる気分転換をしてもいいではないか。それはバイトや勉強などで忙しい日々へ撒く生活の味の素だと思っていい。ちょっとした贅沢であっても、味わいのある日々を過ごすことによって、幸福感を増幅させることができる。

# 28 断片化の読書の習得

「授業を受ける以外、どこで、どうやって勉強するのか」と、周りの同窓生からよく聞かれていた。図書館にあまり姿を見せなかったから、そう聞かれるのも無理はない。確かに図書館を訪ねることは稀だった。何故かと言うと、図書館の雰囲気に慣れなかったし、また、授業を受けた後、休憩を取りたかったからである。普段、図書館を利用してはいたが、本を借りたい時しか、利用しなかった。だから、勉強の場所や方法などのことについて、そう聞かれたのだ。それでは、一体どこでどうやって勉強したのかを皆さんも知りたいだろう。

実は、以下のような三カ所を利用することが多かった。それは、家、喫茶店、地下鉄の車内の三カ所だ。普段、その中で一番多かったのはやはり車内だ。朝は、電車があまりにも混んでいるので、本を読むのは無理かも知れないが、夕方と夜なら、電車はそれほど混雑しないので、じっくり本を読めるのだ。大抵そういった時間帯を利用することになっていた。つまり学校からバイト先までの途中、又はバイト先から家までの途中、そういった時間を無駄にしないように、精読が必要な本を読んでいた。家で本を読むのは、テストの時期だけであった。これは普段の読書のパターンと違って、期末試験に合格するための受験勉強だ。

普段、電車に乗ったら、鞄を網棚の上に載せて、すぐ読書に集中することになる。行き先まで、どれぐらい時間が掛かるのかはよく分かっていたから、一段落か、一ページか、一節かを見積もりながら、急いで読むのだ。そういった緊迫感があるためか、普通の読み方より、ずっと効率的だ。それから、もし、バイト先に早く着きそうであれば、その近くの喫茶店を利用することが多かった。コーヒーを一杯もらって、いつも窓際の席を取っていた。余ったその時間で、どれぐらい読めるのかを計算して読むのだ。そのせいか、その時から、本を読みながらコーヒーを飲む癖も徐々に付いてきた。

中国国内では、昼寝の時間や夜寝る前、日曜日や祭日など、あらかじめ決まった余暇を利用して、じっくり本を読む習慣が付いていた。だが、上述したような断片的な時間を利用して、本を読む習慣は付いていなかった。何故ならば、中国国内においては、時間はそんなに貴重なものではなかったからだ。そのように断片化されている読書は国内の事情にはあまり合わなかったようだ。「環境に適するものこそ、生き残る」とのダーウィンの進化論によって指摘されていたように、断片的な読書に馴染まないにしても、やむ無く、その環境に合わせるように、行動様式を調整せざるを得ないわけだ。断片的な読書を身に付けたことも、生き残るための手段にほかならない。

今までの読書時間をまとめて精算してみれば、七割か八割ぐらい車内及び喫茶店に使われていただろう。この意味では、電車と喫茶店は筆者なりの閲覧室のようなものだと見做されてもよかろう。明らかに、断片的な読書の仕方もそういった場所で身に付くことになった。その断片的な読書を身に付けたことのお陰で、生き残るだけでなく、奨学金までもらえるようになった。このような筆者自身の体験から、環境に適応することが如何に重要なことなのかを多少お分かりいただけるだろう。

# 29 規範意識が強い社会

ずっと昔から中国には「規則がなければ、秩序も成り立たない」といった俗説があった。しかし、その花を咲かせたり、実を結ばせたりしたのは、隣国の日本だったであろう。その俗説に託した精髄は日本人に受け継がれて、実用化されているように、徹底的に社会の各領域で応用されることになった。次に、日本での見聞に基づいて、日本における規範化の状況を見てみよう。

日本で、留学生活を営むために、筆者は何年も、宴会場におけるサービス業に携わってきた。その間、幾つか気付いたことがあった。儀式はさておきとして、来賓の服装に関しては、色も、形も同じだった。つまり濃い色をしている背広に白いネクタイを添えるという形だ。まるで特務を勤めているスパイのような格好だ。また、葬式なら、格好も同じだが、ネクタイの色だけ、白色から黒色に変わることになる。だが、黒いネクタイを締めたら、まるで暗黒街のボスの用心棒のようだ。

それどころか、サラリーマンも、学校制服一色の姿をしている学生たちと同じく背広一色の格好をしている。背広姿は背広原産地であるヨーロッパよりも日本で流行っているようだ。このように統一された服装からも、日本社会が均一化あるいは規範化されていることが多少覗ける。このように何の文句をも言わずに拘束される理由は一体どこにあるだろうか。

日本人の心理の上での実態は「出る杭は打たれる」といった諺によって、見事に浮き彫りにされている。目立ったことは避けるように普段から心掛けているようだ。仲間達に誤解されたり、疎外されたりする恐れがあるせいか、人前で本音を漏らさないようにして、見せているのは建前でしかないということだ。それに、日本人の物真似のうまさを付け加えるならば、「群集心理」が一層強化されることによって、横並び行動（バンドワゴン効果）がもたらされるはずだ。

こうしたことにとどまらず、この習わしから及ぼされてきた影響は、日本全土あるいは国民全体に行き渡るようになる。日に日に築き上げられてきたこの均一化及び規範化は、その影響を企業の製品品質の管理にも及ぼしており、企業文化の一部として、いつの間にか、企業に定着することになった。ところが、均一化あるいは規範化は皆好い事に限らず、個性化や多様化の生成や繁栄の妨げになりがちだ。

# 30 後発優位の最大化

後発優位は経済発展の違う段階や工業発展の違う段階などによく使われる言葉だ。後発国は後発であるだけに、却ってゼロからスタートする必要性がなくなる。後発に置かれている国は先発国の成熟技術を充分に且つ巧みに使いこなせばいい。つまり初級段階を飛ばしてその次の段階からスタートすればいいというわけだ。戦後の日本やアジアニーズの発展ぶりは、後発優位を裏付けた。特に、後発国の手本としての日本は、充分にしかも巧みに後発優位を利用したお陰で、目覚ましい発展を遂げた。次に、これと関連する歴史を振り返ってみよう。

近現代工業文明に限らず、古代文明も例外なく先発と後発に分けられている。日本は東アジア文明圏の縁にあるにもかかわらず、文明圏の中心であった中国が絶えず電波のようにその文明を周辺へと発信し続けたために、日本も漏れずにその電波を受信したわけだ。このように、古代日本は漢字、漢文、医学、唐手、農耕技術、紡績技術、醸造技術など、多岐にわたる古代文明の結晶を中国から導入することになった。その上、二次創造を通して、漢字から仮名を作り直したというようなケースも数多い。

このように巨人の肩の上に立てば、どんなメリットを得られるのかを想像することができるだろう。日本は文明圏の縁に置かれていたにしても、疎外されることなく、古代から近代にかけて、古代文明の発祥地である中国から恵みの雨を大いに浴びてきた。それに、中国から文明の精髄を吸い込みながら、二次創造を加えることで、後発優位を一層アップさせたわけだ。このように、東アジア文明の結晶を享受した上で、また、それらを自分の都合に合わせながら作り直すよう工夫に工夫を重ねてきた。この二次創造こそが日本の特色だろう。

このような二次創造あるいは二次創作は、日本の伝統あるいは日本文化の一部分として、日本の文化土壌や日本国民の心にその根を下ろしている。近現代史を振り返ってみれば、それは明らかである。明治維新以降、近現代の文明の結晶を欧米諸国から受けてきた。遠慮することなく、人類文明の精髄を吸い込みながら、また二次創造を加えたからこそ、今日の日本を築き上げられたのだ。経済学の視点から見れば、このような蓄積型は先祖の知恵の継承あるいは人類文明の結晶の継承に有利だけでなく、何もかもを自らやるより、より効率的なことだろう。

戦後、欧米諸国から大量の欧米製の有形文化財及び無形文化財を導入した後、自国の現状に合わせるように、巧みに二次創造を行った。その優れた業績は欧米諸国も認めざるを得ない。そのために、優等生として高く評価された。実は、中国古代文明に恵まれてきた周辺の国々を見渡してみれば、中国古代文明の精髄を上手く吸い込んだり、創造的に受け継いだりしていた国は日本のみに限られているようだ。その意味では、中国もその日本に「優等生」といった冠を授与するべきではないだろうか。

# 31　日本人の性観念

日本へ行く前に、胸の中に描いていた日本人のイメージは大抵、映画、小説、ドラマなどの作品から得たものだった。そういった作品から、日本風の色好みっぽい口調を以て詠んだ中国語台詞「花姑娘」（花嫁）をよく耳にしたので、「日本人は助兵衛だ」と強く印象付けられた。日本の土地を踏んで以来、テレビ、新聞、雑誌などの大衆媒体、及び周りの日本人との付き合いから、直観的に日本人の性観念に触れることができるようになった。中日両国は共に儒教文化圏に置かれているとはいえ、中国においては、ずっと昔から、「性」に関する話題はひた隠しにされているものだった。やってはいいが、口にしてはいけないことが中国大陸における「性」についての実情だろう。これに対して、中国と比べれば、日本は割合にオープンな姿勢を取っている。以下では、日本滞在中、見聞してきた幾つかのケースから、日本人の性観念の真の姿を描いてみたい。

夜、バイト先からの帰りに、コンビニに立ち寄ることが多かった。ついでに、おにぎりやパンなどの軽食を買おうと思っているからだ。軽食を探しているうちに、金属でできた本棚を見付けた。本棚には新聞や週刊誌などが並んでいる。そこで若者二、三人が立ち読みをしている。筆者も思わず、近寄って、ざっと雑誌に目をやってみたら、若いAV女優の写真が沢山載せられていた。大陸から来た僕はそのような写真と初対面なので、好奇心に唆されて見たくてたまらなかったが、これまで受けてきた教育から見てはいけないのだというジレンマの渦に巻き込まれて、葛藤しているといった具合だった。そういった写真は皆、裸の女優なので、目に入った途端急にアドレナリンが出てきた。そのお陰で、一時バイトの疲れも消えてしまいそうになった。

エロチックな写真はそんな効き目があるのか。思いもよらなかった。その回路は多分、まず目から脳の中枢まで、その次に脳の中枢から心臓に働きかけて、また心臓からアドレナリンまで続いて、全身へと伝達していくというようなプロセスだろう。その場の筆者は実験に携わっている学者のようなものであり、同時に、実験に使われているモルモットのようなものでもある。残酷な事実でありながら、その時、肉体上においては、服装でしっかりと包まれているが、精神上においては、その飾り物の全てを剝かれてしまって、裸になっているというような気がした。おそらく本性に身を任せていれば、誰も彼も裸のままに走っているかのようなものではないだろうか。「食色性也」との春秋戦国時代の告子の論点によって指摘されたように、食欲も、性欲も共に人間の本性そのものだ。

その後、東京のあちらこちらを回っている間に、コンビニでさえあれば、どこの店にも、このような雑誌コーナーが設けられていることが分かった。そのエロ本コーナーの設置は若者を惹きつけたり、販路を広げたりするためのマーケティング戦略に織り込まれているセールスのテクニックの一つだと思われてもよかろう。それに次ぐ働きは商業のカテゴリーに帰属するべきものではなく、社会人類学から注目されるべきものだろう。その雑誌コーナーは、顧客の心身を慰めるためのミニ慰安所のような役を演じているバーチャルリアリティのようなものだとは、経営者も見当がつかなかっただろう。日本は儒教文化圏に置かれているにもかかわらず、その類いの出版物は中国のように規制されていないらしい。ひょっとしたら、それは「性」と関連する産業に織り込まれているものの一つなのかも知れない。

また、バイト先で、「女はエッチだが、男は助兵衛だ」という板前さんの口癖をよく耳にした。最初、その意味合いは分からなかったが、何回か聞いているうちに、何となく、分かってきたような気がする。伝統的観念に則っていれば、社会においては、女は受身的立場に置かれがちになっているものだが、男は主動的立場に立っているものだ。そうすることによって、前者は内向きのタイプに、後者は外向きのタイプに分類されることになる。その視点から見れば、「エッチ」と「助兵衛」の意味合いは割合に分かりやすくなる。前者は静態になっているが、後者は動態になっている。つまり前者は考え方にのみ縛られているかも知れないが、後者は考え方にとどまらず、それなりの行動を取っているというわけだ。

『菊と刀』のアメリカ人著者の論説によると、日本人は罪意識を持っていないのに対して、恥意識を持っているそうだ。あることをするべきかどうかを量る価値標準は、恥をかくかどうかというところにある。次のケースは、これを裏付ける根拠だとされてもよかろうか。一緒にバイトをしていた日本人の一人はAV男優として、AV業界で活躍している人だった。その人は調理場で、従業員たちとよく出演のことを喋っていた。堂々と「女と不義の行いをする」劇中の筋を人の前で語っていた。その上に、今まで数十人もの女優と肉体関係を持っていることを自慢話として誇っていた。従業員たちも、洗い場の仲間たちも彼を囲んで、夢中になって彼の語ったことに耳を傾けていた。その時、その場でその話に口を挟んだり、その話を食い止めたりしようとする人は一人もいなかった。

以上の議論から、幾つかのことが明らかになっただろう。「性」観念については、儒教文化を受け継いだ日本は中国のそれと似ているところがある。しかし日本では、素直に人間の本性に従って、公な場面でも、周りの目を気にせず言いたい放題だ。所謂、言行一致だろう。こうなった原因は「性」と関わりがある話題が「恥」と称されるカテゴリーに帰属されるものではないというところにある。それ故に、日本人は助兵衛な人間だと思われるのも無理はないだろう。

# 32　日本のお正月

「盆と正月が一緒に来たようだ」との諺から、日本人の心の中に、お正月とお盆はどう位置付けられるのかは多少窺えるだろう。だが、日本に滞在していた最初の二年間、バイトと勉強に追われていたために、お正月にしろ、お盆にしろ、その儀式の模様や祭日の様子などに気を配る余裕がなかった。つまり、忙しい日々では、知らないうちに喜怒哀楽などの感情も贅沢な物になるので、それらを語ったり、表したりする趣も失われてしまいそうだったということだ。特に、パチンコ屋で働いているとき、お正月の一週間、客にとって天国なのかも知れないが、筆者にとっては、猫の手も借りたいほどの忙しさから、苦しさや辛さを味わってばかりいて、地獄に陥っているかのようだった。

聞くところによると、昔、日本も中国と同じように、旧暦の春節を過ごしたそうだ。だが、近代化のレールに乗って以来、正月も旧暦から新暦に切り替えられるようになった。正月の初日から七日までの間に、東京都民は明治神宮へ初詣に行く風習がある。願いを書いてある木札や折紙などが、神宮外苑に設けられた木棚や廊下などに掛けられている場面をよくテレビで見ていた。それらを祭日儀式とも、自己慰安とも見做していいだろう。しかし、残念なことに、参拝しに行くことは一回もなかった。テレビを頼りにして、その儀式を見ながら、その賑やかさや混雑ぶりを味わった。パチンコ屋でバイトをしていたために、休みを取れなかった。正月などの祭日が訪れるたびに、パチンコ屋へ遊びに来る客は多いからだ。その時、人の楽しみを羨ましがったり、妬んだりすることしかできなかった。

三年目、東京都の様々な宴会場で働くことになった。しかし、正月などの祭日なら、却って宴会が少なくなるから、休みたくなくても休まなければならなくなる。その時から、稼ごうとしても稼げないことがなんて辛いことだろうと、ようやく分かってきた。この一週間をどう過ごせばいいのだろうか。家の近くの商店街をぶらぶらしているうちに、ついパチンコ屋に入ってしまった。パチンコ屋で働いたことがあるから、その雰囲気によく馴染んでいた。だが、客として遊ぶのは初めてだ。空いた席に座って、千円札を両替機に入れたら、玉がゲーム機内の溝に自動的に入った。それから、ハンドルを右に回して、百円コインを適当にハンドルの隙間に挿して固定してみる。こうすると、玉が次から次へと出てくるようになっている。数字もぐるぐる回り始めた。

それを見ているうちに、三つの七がずらりと一列に並んだ。ピカピカと数字が光り、ゲーム機から音楽が流れてきた。その音楽に伴って、玉が先を争ってゲーム機の出口から出てきた。その後再び数字が揃ってダブルになった。意外なことに、三連発でトリプルになった。それ故に、隣の席から妬み気味に睨まれた。だが、さらにもっとラッキーなことが待っていた。しばらくしたら、また同じ数字が並んで、玉がどんどん出口から流れてきた。今度は四連発だった。こうして、幸運は絶えずに次から次へと訪れてきた。

席のそばに、パチンコ玉を入れる箱が七箱も重なった。一箱毎に六千円だそうだ。七つの箱なら、四万二千円になるはずだ。一週間分のバイト代をもらえるなんて、夢にも思わなかった。その場で嬉しさのあまり飛び上がらんばかりだった。正に「棚から牡丹餅」というのに相応しく、来客全体の注目の的になった。このラッキーな出来事のお陰で、パチンコ屋で、お正月のめでたさを満喫した。ところが、災いは福のよりどころ、福は災いの隠れ家である。禍福は糾える縄のごとしとも言われるが、この出来事が、パチンコの依存症になるきっかけとなってしまった。

その後の毎年、お盆にしろ、お正月にしろ、中元とお歳暮の贈り物といった形で、普段お世話になっていた方々に、プレゼントを贈ることで、多少祭日の雰囲気を味わえたものだ。敢えて、祭日と関わりがあることだと言えば、これしかないだろう。特に、お正月の時期、学生としてするべきことは、期末試験に備えるための勉強にほかならない。たまに友達と、お互いの家を訪ね合うことがある。皆で食卓を囲んで、簡単な御節料理を食べながら、各自の現状や今後の思惑などを話し合うというふうに、異国で、中国風のお正月を過ごすことになる。これは留学生にとっては、極めて贅沢なことであった。

# 33　日本の祭り

現代化の道へ踏み出すに当たって、どこの国も「伝統と現代、及び対内と対外を如何に取り扱うべきか」ということに直面せねばならない。前者に関しては、不確定な未来における伝統的な文化の位置づけについて、古人と妥協するための知恵が必要となる。後者に関しては、思想、法律、制度などについて、他の人種の異なった文明と妥協するための知恵が必要だ。前者の妥協は祖先から受け継いだ遺産と摩擦しながら、談合するといった縦型融合のことだ。一方、後者は他国に反発しながら、その先進的な文明を取り入れて、国内の実情に合わせたり、伝統と溶け合ったりするといった横型融合のことだ。日本は、それら二種類の融合を巧みに成し遂げた。そのために、明治維新以降、日本は見事に近・現代化の軌道に乗ることになった。

日本で何年間か滞在したことがある留学生にとって印象深いことの一つは、祝祭日が多いことだろう。カレンダーに赤色で塗られるので、留学生の間で「赤日日」との呼び名が流行っていた。それだけではなく、地方レベルの祝祭日も少なくない。この現象は伝統がよく守られていることの現れだろう。毎年、大都会で行われている祭りはその典型的な実例だと思われてもよかろう。日本には、地域毎に、毎年、「祭り」を催す伝統がある。例えば、日本に来てから、最初に住んでいた高円寺では、毎年八月の最後の土曜日に「阿波踊り」を催すことになっている。その発祥地は、四国の徳島にある阿波なのだそうだ。祭りに使われている踊りはそれほど複雑ではないので、簡単に参加することができる。もし、祭りに参加しなければ、知らないうちに、「出る杭」のように、「打たれる」羽目に陥る恐れがあるといった心理も働いているためか、祭りが催される際には、地域の人々は殺到してくるのだ。結局、高円寺なりの祭日として定着することになった。

今のところ、催された祭日はめでたいことだとされているというよりも、老若男女の誰でも参加できる大衆向きの娯楽あるいはスポーツの一種だとされていると言ったほうが適切だろう。その定着化に伴って、地域の人達はその「阿波踊り」活動によって地域を活発化させるために結束力を一層固めることになっている。踊りの稽古をしているうちに、皆絆によって結ばれていくように、地域の人達は相互理解を強めたり、友情を深めたりすることにより、調和的な地域作りを行っている。その意味では、祭りといったプロジェクトは地元の人達の間のコミュニケーションを手助けするための手段として機能しているのだろう。

ところで、筆者は三年以上も高円寺に住んでいた。にもかかわらず、残念なことに、その祭りに参加することはなかった。それ故に、「身をもってそれに参加できればよかったのに……」との遺憾の意をずっと抱いていた。数年後、目に見えない神の手で手配されるかのように、その願いが叶うチャンスが訪れた。ある日、学校から帰る途中、神田の辺りに住んでいた知り合いに声を掛けられた。「家の近くで、五月中旬前後の土曜日に神田祭が行われることになっているが、祭のパレードに興味はあるか。都合が良ければ、一緒に来ないか」と誘われた。それは本当に願ってもないことだ。その場で、迷わずに引き受けた。誘いに乗った以上は、時間を捻出して、約束通りにしなければならない。

その後、週に三回もの稽古を受けることになった。パレードでの歩き方、お神輿の担ぎ方、担ぐ時の踊り方などの稽古を受けるのみならず、パレードの行進路線図も覚えておかなければならない。疲れることは疲れるが、初体験なので、楽しみも大きかった。稽古中、商店街の人達から、お握りやお菓子などをご馳走になることもしょっちゅうあった。筆者は外国人だが、仲間外れにされることは全くなかった。地元の人達との付き合いにおいては、仲間入りされていることに何の違和感もなかった。皆打ち解け合って、まるで昔の同姓村落における調和的でしかも融合的な付き合いのようだった。こうして、稽古をしながら、仲間からの好意を噛み締めたり、地元の風習を満喫したりすることができるとは、全く予想外だった。

五月十五日、待ち草臥れたこの日がようやく訪れた。空も日本晴れで、風も緩やかだった。仲春なので、遠く眺めると、緑に、赤、紫、ピンク、黄色などの花々が咲き乱れており、百花が妍を競っていた。バラエティに富んだその景色は正に目を眩ませるぐらいだった。この日、下駄に足袋を履いて、パンツに浴衣を着るといったパレードの格好をしていた僕は、スターターピストルのカウントダウンを首を長くするほど待っていた。パレードに参加する人が揃ってから、勢いの良い人波を成して、海潮のように、神社を目当てに押し寄せて進んでいく。だが、その影響を広げるためなのか、または祭の雰囲気を盛り上げるためなのか、パレードの行進路線図は紆余曲折している。道を迂回する為に、神社へ行くのに、随分時間がかかる。

神社は祭りの中心となる集合場所だからこそ、祭りのピークを迎えるべきところだ。何本もの川の支流が主流へと流れていくように、周辺地域の数多くのパレードは神社を中心にして集まってくる。さすが、三大祭の一つとして誇っている神田祭だ。百台余りの御神輿は四方八方より押し寄せてきた。神社の辺りは、黒山の人だかりなので、道は渋滞気味になっていた。どのチームも一位を取りたがっているため、神社の手前の空き地は御神輿の担ぎ方や踊り方などの番付の舞台になっているようだ。勿論のこと、肢体の揉み合いではなく、御神輿を担ぐ時の歩調や踊りの技などで勝負するのだ。各チームは神社の手前の空き地で、「わっしょい、わっしょい」という叫び声に合わせながら、進んだり、退いたりして、進退ともに、思いのままに大いに腕を振るっていた。各チームはお互いに相手のライバルだとはいえ、協調的でしかも友好的な競合的関係であった。

めでたいことが過ぎ去るのも素早い。だが、東京の暗闇で、草臥れた体に、祭りからもたらされたエネルギーは相変わらず燃えつつある。この「神田祭」に参加した体験から、日本の伝統文化の本場の雰囲気を楽しませてもらえただけでなく、そのあらゆるプロセスを歩んできたことで、現代と伝統との間の微妙な関係をたっぷり噛み締めたりすることができた。こうした経験は、祭りそのものから広がってきた「地域住民の結束力」や「調和的地域作り」などの現実的課題を検討する上でも、価値のあることではないだろうか。

# 34　文の構造と行為様式

日本滞在中、付き合っていた外国人留学生の中に、韓国人がかなりいた。在日の留学生の中で、韓国から来た留学生は比較的目立っていた。韓国人は日本語を比較的流暢に話せるからだ。彼らは半年程度日本語を勉強しただけで、日常会話がもうできるようになっていた。どういうわけかを考え込んだものの、疑問をなかなか解決できなかった。その後、モンゴルから来た留学生も、韓国人と同じように日本語を上手に話せることに気付いた。調べてみたら、日本語を始め、韓国語も、モンゴル語も文の組み立てが同じだと分かった。

つまり三カ国語とも述語が目的語の後に来るということだ。そうすれば、喋る時、彼らにとって、発音の他には何の妨げもないはずだ。そういう意味で、この三カ国の人達にとって日本語が方言のようなものなので、それを身につけることは割合に容易なことだ。これに対して、中国から来た留学生は日本語を習得するのに随分苦労していた。発音のみならず、文の組み立てに慣れるまで、何度も失敗を重ねることになる。

ところで、その文の組み立て方の違いは、人々の行為に如何なる影響を与えるのか。分かりやすくするために、次の例文を使って話を進めることにしよう。

例文1：
私は　ご飯を　食べる
主語　目的語　述語

例文2：
我　吃　饭
主語　述語　目的語

例文1と例文2は全く同じ意味だが、文を組み立てる順序が違う。その相違点は、述語が目的語の後に来るか、それともその前にくるかというところにある。思考力を持っている我々人間は企画、執行、調整、再執行などのプロセスを辿って生活したり、働いたり、勉強したりすることが一般的だ。上述した文の組み立ての違いは、この行動様式に如何なる影響を及ぼすのか。

まず例文1から見てみよう。この文で、述語より目的語の方が先に出ることから、次のようなことを想像することができる。「食べる」という行為の対象となるのはご飯であり、食欲をそそられた結果である。言い換えると、外在的物事から刺激されることで、その物事と連動する行為である「食べる」が誘発されるわけだ。つまり、この「食べる」は主観世界における内在的、自発的行為ではなく、客観世界における外在的誘因による行為だ。

これに対して、例文2では、述語が目的語の前に置かれるのは、「食べる」という行為が目的語であるご飯からの誘惑によるものではなく、主観世界における内在的能動的行為、あるいは意図の枠内にある行為であることを意味する。よって、矢の役に当たる「食べる」の対象となる標的物に対する選択を行いさえすればいい。例文1と対照的に、例文2の行動様式は、矢がリード役を務めるといった経路を辿って行く行動様式だ。

両者を見分けるために、前者を、「的式」行動様式、後者を「矢式」行動様式と呼ぶことにする。「的式」行動様式は受動的行動様式なので、的としての獲物が目の前から消えたら、連鎖的行為である「食べる」も消えるようになる。これに対して、「矢式」行動様式は主動的行動様式なので、優劣順位に基づいて手を出すわけだ。

議論がここまで来て、明らかになったのは「的式」行動様式と「矢式」行動様式の経路が違うということだ。「的式」は外在的誘因がなくなったら、どこへ進むべきなのかがわからなくなってしまう。自発的に出撃するような内在的パフォーマンスがないので、想像力も、創造力も備えていることはあり得ない。歴史を遡ってみれば、日本は人類の知恵の結晶あるいは無形文化財を専ら取り入れただけだった。近現代になっても、輸出したにしても、カラオケぐらいだった。それは日本語の文における「的式」の組み立て方と関わりがないとは言えないだろう。モンゴルも韓国も日本と一緒だった。

それらと対照的に、文における「矢式」の組み立て方に恵まれているお陰で、世界中によく知られている製紙術、印刷術、火薬、羅針盤などの四大発明を始めとして、「近現代に入ってから欧米で生み出された数多くの科学技術」といった雛形もずっと昔から中国の発明家によって作り出されたとのことだ。これらは「矢式」の組み立て方の優位を証拠づけるための典型例だとされてもよかろう。

# 35　立身出世の道程における練り上げ

政治体制から見れば、戦後の日本もアメリカ占領軍の主導の元で、民主主義国家へと目に見えるほどの変化を遂げた。そのお陰で、これまで福沢諭吉によって提唱されていた人と人の平等も一応認められるようになった。巨視的な視点に立ってみれば、その体制が築き上げられたお陰で、調和的な付き合いや平等な扱い、及び争いのない平和な暮らしが実現された。だが、微視的な視点に立ってみれば、欧米とは異なる日本なりの様相を呈している。つまり、個々の領域に潜り込んだら、意外な様子を見せてくれるわけだ。次に、十数年にわたった筆者の見聞を元にして、それを見てみよう。

まず学校に関して考えてみよう。「学園内での虐め事件」はよく報道されているため、読者の皆様もよく耳にしているだろう。何故そんなことがしょっちゅう起こるのだろうか。その理由を探るためには、「先輩文化」を取り上げなければならない。第21章において触れた先輩文化のプラス面に対して、後輩に対する虐めなどのマイナス面が人々をよく悩ませていることは無視できない。学園暴力現象は憂鬱症、中退、自殺などを招く種になっている。その影響は被害者である学生の人生、ひいてはその家庭にまで及ぶ可能性がある。

社会人として会社に入社してからも、先に入社した先輩から虐めを受けることがしばしばある。例えば、黙然たるルールであるかのように、後輩としての新人はプレッシャーをかけられたり、陰で体罰されたり、余計なことをやらされたりすることが日常茶飯事だとされている。ちょっとしたミスを起こした新人が先輩に殴られる光景すら、この目で見たことがある。民主主義の国においても、そんなことまでやってしまうのか。このような状況は、民主主義の主旨に背くではないかと責められるに違いない。筆者もそう思っている。

勿論のこと、職場においては、やられっぱなしになるのではなく、年月が経つにつれて、その職場におけるピラミッド型の組織の上位階層に登っていったら、今度は立場が逆転する。つまり、別の景色が現れることもあり得るということだ。自分自身がそうしようとするのではないが、黙然たるルールの下で、物事の成り行きが自然にこういうふうに運ばれていくわけだ。中国の俗語で言うと、年月にかける辛抱強さで、ようやく嫁から姑まで格上げられることになる。会社のある部門のボスの席を占めることで、今度は、部下に囲まれて、知らず知らずのうちに偉くなってしまう。

それは当たり前のことだと思われるかも知れない。なぜなら、今までかけてきた苦労の対価あるいは支出の報酬だと受け止められるからだ。民主国家であるにしても、これまで伝統文化に染められてきたために、日本なりの民主主義を顕著に示している。よく指摘されている年功序列もこの伝統文化と絡んでいるものだ。伝統文化である以上、当然のこととして、国民の骨の髄にまで染み込んでいるわけだ。他国の人の目から見れば、違和感が感じられて批判されるかも知れないが、その伝統文化のもとで育てられてきた人達なら、反発するなんてまずあり得ない。もしかしたら、それはまた「和魂洋才」の表れの一つなのかも知れない。

# 36　日本での入院体験

三年目から、土日にバイトでよく行くところは乃木会館だった。千代田線の乃木坂駅で降りれば、すぐそこだ。家の近くにある経堂駅で小田急線に乗って、代々木上原駅で千代田線に乗り換える。途中乗り換えは一回しかないから、比較的便利だ。会館のすぐ隣は乃木神社だ。ご存知のように、日本の宗教といえば、神道と仏教に二分されており、次のような不文律の分業がなされているとのことだ。葬式のような哀しいことは仏教が主管するのに対して、婚礼のようなめでたいことは神道が主管するというわけだ。そのために、婚礼などの宴会を営んでいる会館は神社と一緒になっている。宴会は会館が司るが、儀式は神社が司るというように、トラスト式の経営が行われている。

ある土曜日、いつもの通り午前の九時半ちょっと前に会館に着いた。専用の作業服に着替える必要はない。前掛けでいいから、着替えに手間を取られずに済む。宴会がまだ始まっていないので、調理場で器を片付けたり、板前さんを手伝ったりすることになる。一時間したら、昼食の時間になる。ご飯に納豆と生卵と味噌汁を加えるといった簡単な昼飯だ。一服したら、前菜のお皿が下がってきた。これから、僕達洗い場の出番になるらしい。僕は綺麗に洗った器を片付けることになっている。簡単だと思われるかも知れないが、洗浄したばかりの器なので、熱い上に、重い。おまけに、洗い場さんが器の入れ籠を待っているから、早く片付けないといけないという有様だ。

忙しいお陰で、時間が過ぎるのも早かった。知らないうちに、もう晩御飯の時間だ。おかずはお昼より、ずっと多かった。コロッケ、酢豚、刺身盛り合わせなどの洋食、中華、和食の三種類ともが揃った夕食をご馳走になった。山葵が大好物だ。鼻につんと来て、涙がこぼれる感覚がさっぱりするからだ。それで、刺身を多めに取った。それから、休憩をも十分取った。その間、洗い物が随分溜まったので、やらなくてはならなくなった。だが、食べ過ぎたせいか、一時間ほどしたところで腹痛に襲われた。代わる人がいないから、我慢して、最後までやり続けた。家に帰ると、畳に横になった。だが、辺りが寝静まった夜中頃に、お腹の痛みはもっと酷くなった。ようやく夜明けになった。これ以上我慢できなくなったために、そこで、電話で救急車を呼んだ。付き添ってきた医者と看護婦に病状を聞かれた後、緊急手当てを受けて、すぐ病院に運ばれていった。

病院は家からそれほど遠くなかった。街道レベルのようなものだ。そこに着いたら、当番の人が入院手続きをしてくれた。まだ早いから、昼番の医者は来ていなかった。そのため、血圧を測ってもらうなど、簡単な検査しかしてもらえなかった。でも、病院が始まったら、いろいろと検査を受けた。その結果、虫垂炎だと診断されたものの、手術を必要とするかどうかは、炎症が治まるかどうかによって変わるということだった。こうして、観察病室で点滴を打ちながら、経過の観察をした。観察中は食事を取ることができず、三日間も食事を禁止された。嫌だったが、言われた通りにしなければならなかった。

点滴のお陰で、翌日にはだいぶ良くなった。翌々日、すっかり治ったとは言えないが、着実に回復しつつあった。そうなると、今度は空腹に耐えるのも辛かった。何も食べずに三日間も過ごしたのは生まれて初めての体験だった。幸いなことに、手術を受けずに済んだ。四日目、退院の手続きをして退院した。その時、一番したいことは食事を取ることだった。当然のこととして、暴飲暴食をしたら、胃腸を壊す恐れがあるから、家に戻ってからは胃腸に優しくするように、時間をかけて、お粥を煮込むことにした。

この入院を契機にして、これまで留学生活の頼りにしてきたバイトは、「三日坊主」との例えのように、「やっては、休み、休んでは、やり」というように、緩やかなペースでやることになった。これは留学生活の転換期にもなっている。「留学生活をどうやって支えるのか」ときっと疑われるだろう。母国からの送金がないのに、バイトをサボったら生活はどうするのか。「捨てる神があれば拾う神もあり」との諺のように、「ドアを閉ざされてしまったら、窓を開けてくれるわけだ」と固く信じていた。そのために、暗闇の中で探りながら、そういった窓を探していた。

# 37　財団奨学金の申込み

前章で述べた通り、バイトといったドアを閉ざされた以上、生存のための別の窓を探さなければならなくなった。奨学金はそういった窓の役に当たるものだろうと思う。僕の留学生活の中において、奨学金は間違いなく重要な位置づけとなっていた。奨学金の授与主体を分類すれば、文部省授与、学校授与、地方授与、財団授与の四つに分けられている。文部省授与なら、年齢制限があるので、とりあえず、除外することにした。学校授与は、成績が上位の人の中で勝負するようだ。地方授与なら、まずその地元出身という条件を満たさなければならない。財団授与なら、先ずは運に任せるのだが、その後は成績も必要になるとのことだ。また、地方授与と財団授与は申込書も欠かせないとのことだ。

その着想をもとにして、大学の奨学金担当係員に問い合わせてみたら、申込書をくれた。家に帰って、一々チェックしながら、記入した。翌日大学に提出した。その後、朗報を待つしかない。二、三週間も待たされたが、梨の礫だった。どうしても黙ったままではいられないので、ついその件を担当係員に聞いたが、無愛想な表情で、その申込書は該当する財団に届けられなかったと言った。それを知った僕は怒りを抑えきれず、そんな始末になったわけを追及した。その結果、教務課長まで巻き込むことになってしまった。その場で、奨学生の抜擢基準のことについて、課長に聞いて確認した。成績と人柄の両者とも満たされるとのことだった。

人柄の良さは何で分かるのだろうか。測る手段がないことは明らかなことだ。よって、「人柄」とは、紙面上に記された単なる原則でしかない。したがって、残りは成績に託すより仕方がない。成績で言えば、うちの大学なら、僕の右に出る者は一人もいないと思い、自信は満々だった。何故、こんなにいい成績を取った人の申込書を財団に出してくれなかったのだろうか。そばにいた担当係員は吃りながら、弁解しようとしても、弁解する余地がない。僕の述べた理屈はその場でその課長も納得してくれた。その場で、他の財団の申込書を出すようにと、担当係員に言い付け、必要な書類をもらった。

直ちに申込書を出した。一週間も経たないうちに、大学から、奨学金授与許可の知らせを貰った。この件から分かったのは、現代社会の一員として義務を果たすべきだが、それと同時に、権利も堂々と守るべきだ。さもないと、金の問題ではなくて、大きな社会問題を招きかねない。想像がされる径路は、まず義務と権利のバランスが崩れてしまうことだ。それに続いて、社会秩序も崩壊してしまうことだろう。その件が上手く行くのは僕個人にとっては、経済の上での悩み事が一応なくなることだ。そのお陰で、大学院進学のための経済基盤を固められた。

日本の奨学金制度から、何かを得られるだろうか。学生たちのために、経済面での障壁を取り除くのは当然である。それは単なる学費援助にとどまらず、スタート段階における社会メンバーの平等競争とも関わる社会問題だとされている。また、企業もそのような社会的な責任を負うべきだという理念は普く広げられることだ。その他、地域の奨学金寄付は地元の子弟を経済的にサポートするだけでなく、長期的視角に立ってみれば、地元の発展とも繋がるわけだ。人的資源の素質が向上するならば、地元の知名度も高まるはずだ。それは一種の間接的宣伝に当たるものだ。

# 38　大学院の入試について

大学でのコースが終わりに近づいてくると、進路について考えなければならない。会社に就職しようとするなら、学士の学位で事足りるかもしれないが、大学などの職場に就こうとするなら、学士だけは明らかに物足りないのだ。よって、大学院への進学は僕にとっては唯一の選択肢だった。だが、入試の準備はどうすればいいのかと、手を焼いていた。というのは、入試問題は学校ごとに異なっており、入試の日時もばらばらだったからだ。それ故に、受験に備えるのは大変なことだった。でも、その代わりに、同時にいくつかの学校に願書を出すことも可能だった。

入試準備に手を付ける前のエピソードのことを取り上げなければならない。その時、学生なのに、貴金属の先物の取引に夢中になっていた。プラチナやゴールドなどの貴金属の価格はUSドルで表されているので、その価格の動きは為替レートの変動と密接に関連している。そのために、国際的な貴金属の価格の動きに気を払うのみならず、為替レートの動きにも気を配らなければならない。

それはパチンコなどといった賭け事に似ているが、単純な賭け事だけでない。筆者は経済学を専攻していたので、売買を行う際には、それと関わりがある様々な要素に、気を配っていた。それはあたかも実戦さながらの演習のようなものだ。よって、いっそうのこと、取引をしながら市場感覚を育てた上に、国際的に視野を広げることにしよう。たとえ、負けたにしても、学費を払ったと思えばよい。

そのせいか、毎日、東京市場、ロンドン市場、ニューヨーク市場などの主要な国際市場の貴金属や為替レートの動きに気を取られていて、入試のことをすっかり忘れてしまった。そのために、家内に何度も注意された。だが、これも賭け事と同じく依存症になりがちだ。自律性が強い人なら、それにそんなに陥りやすいものではないが、自律性が弱い人なら、その虜になりかねない。

兎に角、もう少しで筆者自身もその虜になりそうだった。幸いなことに、その賭け事からは、目が覚めて抜け出した。そこで、早速入試の準備に取り掛かることになる。だが、本屋では、大学院入試の対策本を売っていないので、試しに、公務員用の対策本を買って、その準備に没頭することにした。二、三カ月をかけて、本を読んだりした上で、応用問題集を度々練習した。限界まで挑戦するかのように、短時間に知恵を絞ったり、底力をギリギリまでしぼりだして、精一杯勉強した。

それにしても、不安が大きいから、何となく心細かった。初めての筆記試験はT大学で行われたのだ。それほど難しくないので、うまく行きそうだった。こうして二週間の間に、三カ所の入試を受けた。およそ三週間後、T大学から面接の知らせを届けてもらった。面接はゼミ室のようなところで行われたが、意外なことに、面接官は十九人もいた。机がコの字形に並べられていた。僕は指定された席に座って面接官の先生方を前に、次から次へと投げられてきた質問に答えることになった。

一回目の面接は無事に終わった。こうして一カ月くらいの間に、筆記試験に面接試験を三回ずつ受けたために、肉体的にだけでなく、精神的にも草臥れた。二週間後、合格の知らせは三つとも届いた。いろいろと考えた末に、二カ所の入学手続きをした。だが、同時に勉強するのはとても無理だ。地下鉄で行くのに、何時間もかかるところなので、やむ無く、一つは休学の形を取らざるを得なかった。違う専攻なので、理想的なやり方としては、一方を終わらせてから、もう一方を始めるという形だった。

ようやく進学のことが一段落したために、二カ月くらいの春休みを利用して、帰国することにした。「善は急げ」と、早速、チケットを予約した。

# 39　東京武道館での演説

東京から上海まで、飛行機なら三時間ぐらいしかかからない距離なので、あっという間に着くような感じがする。帰国をした後、親戚や友人などを訪ねるのはお決まりだ。一回りをするのに、おおよそ二週間もかかる。それだけでなく、せっかく帰国したので、ついでにお世話になった人たちへのお土産に、特産品などを買っておく。謝礼などの義理に備えるためのプレゼントや特産品なども買っておく。勿論、入試で溜まったストレスを発散することが第一の目的だ。「一石二鳥」との諺の如く、訪問にしろ、買い物にしろ、それらをしているうちに、ストレスも発散され得るわけだ。うまくストレスを解消できれば、大学院での勉強の効率を上げることもできるはずだ。

二週間後のある朝、まだ寝ていたところへ、日本から電話がかかってきた。学校からの電話だった。卒業生の総代になるようにと頼まれた。寝ぼけていたせいか、何も考えずに断った。だが、教務課の担当係が説得してくれた。「うちの学校、百年以上の歴史がありますが、留学生が総代になるのは初めてのことです。あなたは非常に優秀なので、教授会で抜擢されました。

非常に光栄なことですよ」と。「なるとすれば、何をしなければならないですか」と言って確認した。「学生全員の前で、十分くらいのスピーチをしていただきます」と教えてくれた。そういった説得のもとで、無理矢理に引き受けた。

それで、早めに東京に戻った。演説文の作成をするだけでなく、スピーチの稽古もしておかなければならなかったからだ。スピーチといえば、文章それ自体の意味合いの重みは勿論のことだが、その場において、身振りや手振りなどに感情を込めた音声が何よりも重要だ。それは聞き手に耳を傾けてもらい、その心を打つことができるかどうかに繋がるからだ。よって、文章が良くできたからといって、スピーチの稽古を手抜きしてはいけない。それは品質の良い品物作りと同じようなことだ。良い品物のできるプロセスにおいては、そのどの段階においてもいい加減なことを許してはならない。

こうして、文章を練り上げるには、言語の実力に加えて、面白さも必要だ。でも、それは割合にたやすいほうだが、総代のスピーチはそう簡単なことではない。そのために、何度も原稿を書き直した。また、何度も模擬スピーチをした。政治家の選挙のための演説であるかのように、その演説の技を磨くことになった。こうして、そのトレーニングを繰り返しているうちに、だんだん飽きてきてしまった。ともあれ、半月の間に、全力を尽くしたが、その日出席をした参列者に感動を与えられるかどうかは、その時の運に任せるより仕方がなかった。

卒業式は東京武道館で行われることになっている。それは規模が大きくて、一万人もの収容人数を誇る現代的な体育館だ。でも、それほど緊張していないとはいえ、一万人余りの参列者を前にして、滔々とスピーチを行うのは初めてなので、何となく心臓の動きはいつもより速く感じられた。二、三週間もかかって作り上げたスピーチは十分くらいで述べ終わった。「一分間の演技は十年もの苦労によるものだ」とはよく言ったものだ。そう考えれば、僕がかけた苦労は全然語るに値するものではない。それはそれとして、一応成功を収めた。僕だけでなく、学校側も一件落着したことでホッとした様子だった。それは皆お互いにとってウィンウィンの結果なのかも知れない。

卒業式が終わった途端に、ゼミの先生が僕と握手しながら、大いに褒めてくださった。先生のその時の瞳に映された輝きは嬉しそうな気持ちの表れのみならず、弟子の垢抜けた振る舞いへの感謝の意の表れでもあったのだろう。落ち着いた後の僕もこっそりと「誇りに思う」気持ちが浮かび上がった。最初は、初体験の不安に気を取られてしまったせいか、光栄なことであるにもかかわらず、任務として遂行するだけだと思っていた。任務だと思ったからには、完璧に為し遂げる他ない。そのために、別のことに意識を向ける余裕は全然なかった。よって、総代に選出されたことが、僕の自慢話になるのは後になってからの話だった。

良い物事は瞬く間に過ぎ去るが、この武道館の僅か十分間の出来事については、僕の自慢話としてこれからの人生において永遠に残っていくかも知れない。

# 40　再創造が得意な国民

長い歴史の流れの渦に巻き込まれて沈没してしまうことなく、素晴らしい発展を成し遂げてきた民族であれば、必ずその窮状を生き抜くための秘訣があるに決まっている。そこで、一目置かれるに値する日本民族の優秀な点は一体どんなところなのかを考えてみたい。おそらく、日本民族の特徴としては、勤勉、真剣、職人精神などが取り上げられるだろう。当たらずといえども遠からずかも知れないが、一番取り上げるべき点は押さえていないと思う。それは外国から導入された有形もしくは無形な舶来品に手を加えるところだ。これこそ様々な優秀な点の中でも重要な役割を果たしているものだ。

これは日本民族に特有なものではないとはいえ、職人精神などと手を組んでいるからこそ、外国のものに手を加えて、新しいものを作り直すことができる。これは巨人の肩に立ってもっと遠いところに目を向けられる典型的な実例だ。言い換えれば、見事に転身するといった「再創造」だと言ってもよいくらいだ。東アジア史においては、昔から、中国は文明中心としてその影響力をその周辺諸国へと広げていた。日本も例外ではなく、古代からそれに恵まれてきた。

周知のように、一千年ほど前、漢字が既に日本に伝えられた。それを元にして、仮名が作り出された。それに次いで、数多くの和製漢語、和語などが生成されて、続々と登場することになった。

文字に限らず、儒教をはじめ、茶道、書道、唐手、盆栽などの多岐にわたる非物質文化財も日本に導入された。これだけで終わるわけではなく、それらに、所謂日本魂を吹き込んで新たに生まれ変わらせたり、本土化させたりするようになった。そのほかに、豆腐、お箸、醤油、ラーメンなどの生活に必要なものも中国からどんどん日本に伝わってきた。これらもまた、手を加えられて、見事に本土化するようになった。こうして、「青は藍より出でて藍より青し」というような勢いで、再創造が推し進められた。そのせいか、明治維新以降、漢語の起源地である中国は反対に数多くの日本製の漢語を逆輸入するようになった。改革開放以来、言葉をはじめとして、上述した生活に必要な品物まで逆輸入するというような始末になっている。

でも、幸か不幸か、この世では、親方が弟子に超えられることは稀なケースではない。それがあるからこそ、人類社会は前進していくわけだ。グローバル化が進んでいる今日では、狭隘なナショナリストでさえなければ、そのことに納得することができる筈だ。両国の間における往来のパイプを保っておりさえすれば、漢語語彙のストックを一層充実させたり、国民の生活を更に豊かにさせたりすることが可能だ。大局的な見地から考えると、両方ともメリットを得られる受益者だと言える。こうして進んでいる足取りは止まるところを知らず、近現代にも受け継がれている。

明治維新以来、欧米諸国から政治、経済、軍事、法律などの西洋文明を吸収したり、消化したりすることになった。それと同時に、工業文明や生活様式なども導入された。そして、模倣したり、本土化させたり、追い越したり、輸出したりするといった「再創造」の一途を辿って、現代化の道を開いていくことになった。それにとどまらず、西洋の食文化を代表するパンやコーヒーやビールなども日本に伝わってきた。それらに手が加えられることによって、北海道トースト、炭焼きコーヒー、キリンビールといったブランド品まで作り上げられるのだ。それらは若者の間で人気を呼び、その名は中国各地にも広がっている。

外国から取り入れるものに手を加えることが得意なお陰で、戦後、テレビ、半導体、乗用車などが潮のように欧米市場へと押し寄せることになった。それ故に、アメリカとの間に、テレビ、半導体、乗用車などを巡って、貿易摩擦まで引き起こす羽目になった。このケースは却って日本人が「再創造」を得意としていることを更に裏付ける証しになるのではなかろうか。

# 41　北海道との出逢い

北海道といえば、僕と多少縁があるらしい。八〇年代の半ば頃、中日両国民間交流をサポートしようとすることを背景に、民間組織であるパンダグループが生まれた。その狙いは「文通の形で交流を行うことによってお互いに理解を深める」ことにある。このグループのルートを通して、中国人と文通したいという願いを抱いている相手が見つかった。その方は北海道銀行に勤めているそうだ。最初の二、三年の間、ずっと文通を続けていた。そして、彼女は一度旅行で上海を訪ねてきてくれた。友人と一緒だった。その友人は北海道銀行の同僚であり、親しい仲間でもある。二人とも、その目で日本以外の世界を見たいと言った。

筆者は友達と一緒に、彼女たちが泊まっていた「上海賓館」というホテルへ訪ねに行った。文通を始めてから、これが初対面だった。正直に言えば、日本語で日本人と話すのは初めてなので、問いに対する答えにならないこともあれば、途中行き詰まることもある。その時、身に付けた日本語は物足りないなぁとしみじみ感じた。いつかチャンスがあったら、是非とも日本へ行って、本場の日本語を学ぼうという願いをその時から抱いてきた。その願いは八〇年代の後半にやっと叶った。それにしても、日本の土地を踏んだ最初の年月、学校のことやバイトのことなどに追われる毎日だったので、北海道へ友人を訪ねに行く余裕がなかった。だが、反対にその友人は東京を訪れたついでに、生活必要品まで持ってきてくれた。本当に御礼の言いようがないぐらいだった。

五年後のある夏休みに、時間的にも、金銭的にも、漸く余裕ができていた。妻と相談した結果、一度北海道へ行ってみることにした。友人は釧路に住んでいるから、まず釧路にしようと決めた。何で行くかを調べてみたが、飛行機より船で行った方が便利だし、交通費も安いとのことだ。そこで、船のチケットを前もって予約しておいた。これは日本での初めての船旅であり、また日本で唯一の船旅でもあった。船は日本列島の東側に沿って航行していった。この種の船は中国の汽船と違って、フェリーのように、自動車ごと乗せられる乗り物だ。マイカーで旅行をする人のために、そのようになっているらしい。さすが日本風の至れり尽くせりの心遣いだ。様々なユーザーの要求を満たすように、万全のセールス戦略を立てているようだ。よって、日本での旅なら、何の心配も無用だと言える。

船を降りると、その足で予約済みのホテルへ行った。ホテルで友人に電話をかけた。彼女達は既にホテル近くの飲み屋の席を予約しておいてくれた。数年ぶりの再会だった。仕事にしろ、生活にしろ、二人とも順調そうだ。それは何よりの朗報だった。飲みながら、いろいろと話し合ったので、二人の生活状況が一応分かった。二人とも、四十代の未婚の女性だった。仕事が忙しいせいか、やむを得ず単身になってしまったのだろうか。だが、毎日を楽しそうに送っているようだったので、どうもそういうわけでもないらしい。ところで、二人の心のこもったもてなし方に心より感謝した。国が違うにしても、そのように集まって話をするのも楽しいことではないだろうか。人の真善美は人類が共有しており、人種や国境を超越している共通的な価値観ではないだろうか。

翌日、釧路を発って、札幌へ赴いた。札幌市は北海道の西側に位置している日本で4番目の都市圏であり、日本唯一の内陸都市でもある。それは割合に歴史が浅い新都市で、上海の浦東開発区のように、その市区の街並みは整然と並んでいる。新開発の土地なので、企画の作成もしやすそうだし、インフラ整備もしやすそうだ。そのレイアウトは新都市らしさを充分に表している。札幌市は地理的に緯度が高く、自然条件にもそれほど恵まれていない。その上に人口も少ない方だ。京都や東京と比べれば、京都ほど、歳月の刻みがなさそうだし、東京ほど、紅灯緑酒の華やかさもなさそうだ。とはいえ、札幌市は物寂しいし、冷ややかで厳しいといった北国の特有な風景を呈していてくれた。若い頃、中国の黒龍江で何年も暮らしていたためか、なんとなく、札幌市のことを懐かしく思った。それは札幌の辛口ビールと同じように、北国に特有なあっさりした味が気に入ったからなのかも知れない。

仏教用語の「因縁」を借りれば、ここの「因」は草の根とされている我々両国の民間人の抱いている世代友好関係を続けていこうという願いだが、ここの「縁」は中日国交回復や民間組織であるパンダグループの登場などの時代的背景だ。そういった「因」と「縁」が合わさったおかげで、その北海道及び北海道の友人二人と国境を越えて出会ったといった「実」を結ぶことができたのではないだろうか。

# 42　日本式のコンプレックスの功罪㈠

実は、劣等感は二つの違う道筋へとものを運んでいく。一つは現状をそのままに保っていくことだが、もう一つは現実を受け止めようとしないことだ。つまり、前者は現実のことをやむを得ずに引き受けるのに対して、後者は切羽詰まると変革を図ろうとすることだ。それは穴を埋めながら、進んでいくというようなパターンだ。とはいえ、そのコンプレックスは却って、その現状の足枷を外すための鍵あるいはぜんまいとされており、変革を求めたりして、恥をすいだりするためのエネルギーあるいは契機にまで変身するものである。

わかりやすく説明するために、韓国の整形外科と日本の歯科を例にして取り上げよう。近年、日本の歯科と韓国の整形外科は大陸で大変人気を呼んでいる。何故この両者の発達はそんなに際立ったのか。それは、天然欠陥と繋がると思う。審美眼で言うと、朝鮮族の生まれつきの顔立ちは「美」とかなり離れているようだ。日本人の生まれつきの歯も理想的なものではないようだ。それで、そういった欠陥を補うために何か手を施さなければならないというような要請が自然に生まれるわけだ。言い換えれば、その「美」を求めようとする需要はその欠陥を埋めようとする供給を呼ぶのだ。「まず市場があって、それに応じる技術開発が進み、それから、供給する」といったプロセスを辿っていくわけだ。よって、日本の歯学と韓国の整形医学の発達はそれなりの理由がある。この種の進歩はコンプレックスを穴埋めをするための追跡的あるいは尾行的進歩だと言ってもよかろう。

早速本題に入ることにしよう。日本式の劣等感とは一体どういうことだろうか。それは自分自身の何処かに欠陥があるので、世間の目を怖がって、自分で自分のことを軽蔑したり、けなしたりすることだ。その影響の元で、一つはその現状を鵜呑みにして落ちぶれることをそのまま受け入れるのに対して、もう一つはどうしても現状の足枷から抜け出そうとして、変革を図ってみようと試みることだ。その劣等感は何処から生成したのか。率直に言えば、一つは身長である。我々も多かれ少なかれそういった体験があるものだ。例えば、学生時代、身長が高い人は明らかに優位を占めており、クラスの学生に羨ましがられていたことは未だに記憶に新しいだろう。広い意味で顔面偏差値を捉えてみれば、それは顔だけでなく、身長をも含められるべきものだ。

こうして、身長の差から心理的な格差がもたらされるが故に、身長が低いほど心理上のプレッシャーも大きい。それに、劣等感も強い。少なくともその外見の影響は学生時代の終わりにまで及んでいると思う。身長といえば、まず遺伝子と関わり、その次に飲食習慣とも繋がるのだ。そのことについては、古代の日本の国名「倭国」からも、多少日本人の特徴を窺えるだろう。漢時代の光武帝劉秀は小柄で貧弱な日本人を「倭人」と称していたとのことだ。それは、漢時代の頃、日本人の身長は110～120センチしかなかったからだそうだ。その時の漢人の身長と比較すると、受けたショックはすごく大きかっただろう。現代言葉で表現すれば、「侏儒」あるいは「小人」となってしまうのだ。そうだとすれば、その改良の道へ踏み出すのを強いられるのも無理はないことだ。

そういうわけで、それを改良するために、唐の時代から、商売で日本に渡ってきた大陸の商人へご馳走やお酒でもてなすのみならず、夜になったら、また若い女まで付き添わせてあげたとのことだ。唐人を喜ばせるためのそれは今日の水商売のようなものではない。意識的に身長の上での欠陥を補うために、唐人の種（優越な遺伝子）を借りようという企みが潜んでいる。宋時代の頃、わざわざ若い女性が団体で大陸に渡って、一旦妊娠したら、また日本に呼び戻されたそうだ。また元時代の頃、戦火から、日本に逃れてきた宋の移民も喜んで引き受けていたそうだ。こうして、何世紀にもわたったこのような努力の結果のお陰で、徳川幕府の時、日本人の身長は顕著に伸びていたらしい。あるデータによると、徳川家の身長はそれぞれ家康153㎝、忠秀160㎝、家光157㎝、家剛158㎝だそうだ。また、栄養のバランスがよく摂れることを目指した戦後の「給食法」の後押しのおかげで、過ぎ去ったこの半世紀の近くに、日本人の身長はもう中国人の身長にも劣らず、高く伸びてきた。

ここまで至ったら、十数世紀にもわたった人種改良のためのプロジェクトは見事に達成したと言ってもよかろう。つまりその劣等感から今まで被ってきた恥を一掃したというわけだ。視点を変えれば、この劣等感があったからこそ、永遠に休みを知らざる機械のように、定められた目標を目指して、千年以上も歩み続けることによって、今日の日本人にまで作り変えられたのだ。それを製品に例えてみれば、「製品の精緻さへの至極の拘りと事業への勤勉と弛まぬ努力」といった職人精神が、そのプロジェクトにも十分に刻まれているのではないだろうか。このケースからも再び混合の良さを読み取れるだろう。よって、日本民族は単一民族だと今まで強調されてきた論調は成り立たないだろう。十数世紀以来、中身をこっそりすり替えるといった「マジシャンの手品」のようなものがあることのおかげで、世間の目を見事に盗んだだけの超世紀的で、しかも超空間的なスーパープロジェクトを順調に推し進められたのだろう。

# 43　日本式のコンプレックスの功罪㈡

中国においては、ずっと昔から、日本あるいは日本人を「小日本」と称している言い習わしがあった。何故こう呼んでいるのか。実は、この「小日本」は二つの意味を含んでいる。一つは前章で既に触れた日本人の身長のことだ。もう一つは細長い日本列島のことだ。即ち、身長の低さと国土の狭さの二つを指して言う。前者の身長の低さからもたらされたコンプレックスについては既に触れた。自分自身から出てきた物なので、その種のコンプレックスは内在的あるいは内生的だと言ってもよかろうと思う。これに対して、次に触れたいコンプレックスは国土面積、地理環境から来たものなので、それは外在的あるいは外生的だと定められてもよかろう。

国土の狭さはコンプレックスとどのような関連があるのか。きっと読者の皆様は疑っているだろう。実は、ここの狭さは単なる土地資源ではなく、鉱産資源とも繋がるのだ。面積は農産物の収穫量と関わりがあるが、鉱産資源も生活の向上と関わりがある。これについては、読者の皆様に分かっていただけるように、サウジアラビアを例にして、もう少し説明しよう。サウジアラビアを始め、中東諸国は石油埋蔵量が多いおかげで、周辺の国々を前に、胸を張って、経済的豊かさを誇っていることも疑いようのない事実だろう。貧しい国が豊かな国から馬鹿にされるのも、人間性のみっともない弱点の表れに過ぎない。よって、その現象をけなすに及ばないと思う。

実は、貧しい立場に置かれている人は、内心では自分のことを低く見ていることが稀なことではないだろう。これは発達地域へ出稼ぎに行く人達の心境と似ているところだと思う。日本は国土が狭い上に、鉱産資源も乏しいから、日常生活を送るのもやっとのことだっただろう。そのために、心理の上に射している影も大きい。その影から卑屈な気持ちになりがちだ。だが、隣国の豊かさを羨んでいるといった心境に留まらず、それを見ているうちに、妬みに陥りかねない。こうして、覗いてもいいが、手に入れてはいかんというような有様だった。その故に、妬みしかも恨みが一層募る。結局、略奪の道へと走るよう拍車が掛けられることになった。

よって、妬みは罪悪の元だと言ってもいいぐらいだ。その野望が膨らんできた結果、史上、4回も大陸への侵略戦争を行った。1回目は、唐時代の「白村江」で戦争を起こしたが、日本の完敗で終わった。このことで、日本の当事者は中日両国の間における国力の格差が桁違いだと充分に認識した。両者のパワーの差はまるで「月と鼈」だ。戦争の結果からもたらされたのは、再び唐朝廷への帰順と遣唐使の派遣の二つだ。2回目は明時代の万歴年間、朝鮮半島を踏み台にして、大陸への侵略を企んでいた。明朝廷は朝鮮を保護する義務を負っているので、朝鮮半島へ軍隊を派遣することになった。今度もまた日本は完敗だった。

しかし、明治維新以降、日本の国勢は上り坂だったのに対して、中国の国勢は下り坂だった。こうして、中国の国運が転落したが故に、日本はどさくさに紛れて紛争を起こした。結局、「甲午農民戦争」が勃発することになった。3回目のこの中日戦争は日本が完勝した。この戦争で、日本は、中国の土地、鉱産などの略奪をするという目的を達成した。そして、その時から、三十年後の全面侵華戦争に向けて歩んでいくといった企みはこっそりと潜んでいた。ご存知のように、第四回の中日戦争は十四年間にもわたって続けられたが、日本の失敗で終戦した。この戦争で、何千万人もの中国人が命を落としてしまった。だが、加害者としての日本も死傷者と財産損壊を免れられなかった。

この国土の狭さから、生活の貧しさへと、また生活の貧しさから、心理的な劣等感へと、続いて心理的な劣等感から、羨み、妬み、恨みへと、更に妬みや恨みから、略奪の道へと走り出すといった一連の流れの中で、重要な点はやはり劣等感の働きである。よって、劣等感こそ国を侵略戦争の淵へと導いていく要因だと思われてもいいだろう。もし前章で触れたコンプレックスは功があるならば、このコンプレックスは罪の固まりでしかないと思う。勿論のこと、二つのコンプレックスは完全に切り離されてはいない。なぜなら、人種改良の成功から付いてきた民族の自信は、略奪の道へと踏み出そうとする野望に加えられた強心剤あるいは栄養剤のようなものだからである。

## 44　日本人の長寿の秘訣

戦後、凄まじい経済発展を遂げた日本は、早くも長寿国の仲間入りを果たした。寿命の長さは勿論、経済力と密接な関連がある。それは摂取可能な栄養と関連があるからだ。広い意味で捉えれば、栄養のほかに、料理の仕方、調味料の使い方、食事の取り方などの食文化も含まれると思う。だが、それは長寿の要因の一つに過ぎない。長寿国には、共通点があるが、それと同時に、相違点もあるはずだ。他の長寿国と比べれば、日本の長寿国としての秘訣はどのようなものなのだろうか。次に、その点に関して議論を進めていこう。

「喜、怒、哀、楽、悲、恐、驚」といった七つの内心的情感の動きが健康と関わりがあることについては、ずっと昔から、中国伝統的漢方医学によって既に解明されている。例えば、嬉しさのあまり、心臓器官にダメージを与えるとか、怒りのあまり、肝臓器官にダメージを与えるとか、悲しさのあまり、肺臓器官にダメージを与えるとかが指摘されており、健康に関する常識として、国民に広く知られている。ところで、そういった情感の動きは一体どうやって誘発されるのか。仮に、誘発されるそのメカニズムを知っておけば、それを制御することもできるだろう。もし、制御可能だとすれば、寿命の鍵である体の健康も管理可能になるはずだ。

ある日、バイト先で食事後の休憩時間に若い社員達と世間話をした。彼らの月給がそんなに安いとは思いもよらなかった僕は「ストライキをすればいいじゃないか」と冗談交じりに言った。すると彼らは「いや、そうしたら、会社が潰れてしまうぞ」と返事をした。その返事から読み取れる情報は何だろうか。まず読み取れたのは労使の間に結ばれる調和的関係のことだ。そのお陰で、戦後成し遂げた経済発展は世界の注目の的になった。また読み取れたのは金銭に対する日本人の欲望はそれほど強くないということだ。周知のように、欲望は悩み事の元だ。悩み事は上述した七つの内心的情感に必ず影響を与える。それはマイナスエネルギーなので、体にダメージを与えることは当たり前のことだ。

率直に言えば、体の健康を保つために、二つの条件は欠かせない。即ち二つの環境だ。一つは体を巡っている空気、水、食物などだ。そういったものが皆綺麗になっている場合には、体の健康を保つために必要な前提条件を確保することが可能になる。それはマクロ的あるいは外部的環境だとすれば、もう一つはミクロ的あるいは内部的環境だと言えるだろう。実は、体のようなミニ宇宙の中の目に見えない情感は、夜空の星のように決まったレールを規律正しく運行していると思ってもいい。そのために、今まで見逃されがちになっていたこのミニ宇宙の内部的環境は肉体を巡っている外部的環境と肩を並べて重要視されるべきものだ。それを成している要件は上述した七つの情感だと思う。

この七つの情感に乱れを生じさせるのは悩み事だ。この情感が乱れることによって、ミニ宇宙である内部環境が汚染されてしまうが、その悩み事を引き起こす張本人は人類の限り無き欲望だ。だが、欲望については、集団や国家などと比べれば、個体としての個々人の方が割合が低いらしい。その上、近年の経済不振に応じて、その欲望も一層低減されていく一方だ。『低欲望社会』との著作で、大前研一氏が指摘しているように、社会車輪を駆動するための動力としての欲望が欠如するが故に、発展の足取りが重くなっている。しかしながら、これもコインの表裏のようなものだ。低欲望の表は経済社会へのマイナスになるかも知れないが、低欲望の裏は体のようなミニ宇宙環境保全のためになるかも知れない。

その他に、伝統的文化要素も無視されてはいけない。「口は災いの元」とか「出る杭は打たれる」とかいう文化風土に育てられてきた日本人は、皆口数が少ない特質を身に付けているので、コミュニケーションが苦手になっているようだ。そのせいか、日本人は自分一人だけの世界に閉じこもりがちだ。だが、それは却って修業に身を打ち込みやすい状況だ。そのような状況においては、自ら自分の体のようなミニ宇宙の中に「世外の桃源」を作り上げることもあり得る。こうして、風は穏やかで、日はうららかな「世外の桃源」で暮らしている誰もが、きっと健康な体作りができるだろう。「低欲望」が水源あるいは川上から、ミニ宇宙である内部環境の保全を保障するならば、その「文化要素」は川下から、ミニ宇宙である内部環境の浄化を保障するだろう。そうしたら、長寿者になる気がないにしても、知らず知らずのうちに、そうなってしまうだろう。

バブル経済が弾けた九〇年代から、日本経済が不振に陥っているのに対して、日本人の寿命は僅かながら少しずつ延びている。これは「低欲望社会」のお陰ではなかろうか。また、書道、茶道、花道などの日本なりの修業も体のようなミニ宇宙環境の浄化のためになるだろう。外部環境にしろ、内部環境にしろ、体の健康にとっての保全型あるいは浄化型は何よりだ。仮に体を巡る外部環境保全型は全ての長寿国に当て嵌まる共通点だとすれば、上述した内部環境保全あるいは浄化は他の長寿国と異なっている日本特有のものだと思ってもよかろう。そういった相違点こそ世界一の長寿国になった日本人の長寿の秘訣ではなかろうか。

# 45　日本人の勤勉

数十年ほど前に、筆者は上海港区で機械整備士として働いていた。その時、貨物の積み下ろし用の機械の中で、日本製の機械はかなりのシェアを占めていた。機械の取り扱い方の指導及び保証期限内の故障修理などがアフターサービスの一環として設けられているおかげで、日本人のエンジニアなどの技術者と付き合うチャンスが割合に多かった。そのため、幸いなことに、この目で日本人の働きぶりを見たことがある。ある日、ある座談会において話が盛り上がっている時に、機械に故障が起こったと聞いた途端、日本人のエンジニアは背広を着たままでクレーンのシャーシの下にサッと潜り込んで、調べ始めた。周りの関係者達は皆、その仕事ぶりに目を丸くして驚いた。この種の付き合いは、僅か数回でしかないとはいえ、全く見知らぬものではない。でも、より深く印象付けられたのは日本の土地を踏んでからのことだ。次に、自ら出会った実例を取り上げて、日本人の仕事ぶりの実態を見てみよう。

ある日、バイトに行く途中、余った時間を潰すつもりで、バイト先の近くの喫茶店に入った。コーヒーを飲んでいたところ、隣席から以下のような話が聞こえてきた。「もう三十年くらい、毎晩、四、五時間ぐらいしか寝てないが、すっかり慣れているので、もうこれ以上寝られないのだ。休みの日もそうなんだ」それはおそらく五十歳以上であろうサラリーマンとウエイターとの間の会話だった。話をしている人は会社の管理職に就いているらしい。一日24時間から睡眠時間を引いたら、残りは殆ど会社のことに使われているような感じがした。話の中で、「うちの会社」という言葉が口癖のように頻繁に口から出てきた。赤の他人である僕でさえも、会社への忠誠心及びその頑張りぶりに、脱帽せずにはいられないぐらいだった。どうりで、次のような風景が夜中の駅でよく見られるわけだ。お互いに励まし合う激励の言葉である「頑張って」が、お別れの挨拶である「じゃあね！」「また！」の代わりに使用されている光景である。次に、若者の例を見てみよう。

バイト先で知り合った仲間の木村君も頑張り屋さんだった。二十歳の頃、彼は四国から出稼ぎで東京に来た。親の背負っている債務を返済するためだそうだ。一日も早くその債務を無くすために、午前九時から午後五時まで僕らと一緒に調理場で働いていた。その後、夜六時半から朝五時までスナックのチーフをしていた。毎週月曜日の夜だけが空いていた。こうして、二、三年間、金を稼ぐために、ずっと疲れを知らない機械のように、東京都内のあっちこっちをぐるぐると回っていた。だが、「疲れた」とか、「眠い」とかなどの言葉は木村君の口から一度も出てこなかった。まるで、蜂蜜を採ったり、運んだりするのに忙しい一匹の働き蜂のようだ。でも、天手古舞の日々を送っていたおかげで、お金を費やす暇すらなかった。その様子から見れば、あたかもマイカーと争って減価償却を加速させているタクシーのようだ。その背景には、八〇～九〇年代、「過労死」の記事が頻繁に新聞紙に掲載されていて、マスコミで大騒ぎになっていたことがある。先進工業国においては、年間労働時間が一番長いので、「短縮しろ！」と強く責められていた。

ところで、国内、国外の数多くの要因の総合的作用の元で、六〇年代終わり頃、日本は既に、アメリカに次ぐ経済大国になっていた。だが、日本人のその勤勉さを抜きにしては、日本の戦後の発展ぶりはとても語れないと思う。経済学の視点から見れば、人も資源の一つだとされている。他の資源と比べれば、人的資源は、回復は可能だが、蓄積は不可能だといった特質がある。回復とは体力の回復のことを指して言う。これに対して、蓄積不可能とは寿命あるいは時間のことを指して言う。即ち、過ぎ去った昨日へ戻ることは永遠に不可能なことだという簡単な理屈だ。戦後、バブル経済が弾けるところまでの半世紀近く、景気の良い経済環境の下で、生み出された完全雇用に近い状況は、日本人の勤勉さを生かすための願ってもない所謂天の時（良いタイミングのことを指して言う）だ。次に、生涯総労働時間及び勤労指数を導入して、その話題をもう一歩深掘りしたい。

「定数」である他の資源と対照的に、人的資源は「変数」だ。それに、人間は生き物なので、油を売ったり、精を出したりするといった不確定性のことを考慮に入れておかなければならない。ここで言う勤労は二つの意味合いがある。単なる労働時間の長さで示された量的な問題だけではなく、夢幻的な想像力を孕んでいる、無限のパワーを爆発し得る創造力で示された質的なものも、一層重要視されるべきだ。着想あるいはアイデアがあるメカニズムを辿って、生産力の向上や社会の発展と繋がるわけだ。労働時間の長さも、直向きさも、共に、勤労指数の一定の高さによって支えられるのだ。生涯総労働時間を蠟燭に例えてみれば、燃えてしまう蠟燭の長さは生涯総労働時間の長さを表す。燃えてしまう蠟燭の長さも、ある程度、勤労指数の高さあるいは勤労の度合いを物語っている。一言で言えば、勤労指数は鉱石の品位と似たり寄ったりだ。勤労指数が高ければ、利用可能な価値も高い。以上の実例から得られたのは、日本人の目の中にある仕事が、日本人に聖なるものとして崇められる宗教的信仰のような存在だということだ。そういった文化風土の下で育てられてきたために、聞き慣れたり、見慣れたりして、知らず知らずにその影響を受けることで、感化されて無意識のうちに定着してしまうのだ。

囲碁の棋士のランク付けに照らして、勤労の度合いをランク付けるならば、日本人は九段を取得することができるだろう。仮に世界を勤労指数で比較するならば、長寿国へのランク付けと同じように、日本人は疑われることなく一位か二位の座に就くはずだ。手元に具体的なデータがないので、実際にはランクを付け難いが、それにしても、「春の蚕は生きておりさえすれば、糸を吐き続け、蠟燭は灰になるまで燃え続ける」との唐時代の詩人である李商隠のこの名句の描写は、日本人の勤労の度合いや、頑張りなどの状況によく当てはまり、見事に浮き彫りにしているのではなかろうか。その意味では、戦後、資源が乏しい日本で、勤勉さを特徴としている人的資源は、戦後の日本経済を見事に支えてきたと言えるだろう。

# 46　企業成功の秘訣

アパートの近くに小さな飲み屋が一軒あった。夜中店を通りかかると、いつもお店は営業中だった。軒下にぶら下がった日本式の提灯が弱い光で灯っている。路地を通りかかる通行人が少ないので、その存在感は薄そうだ。ある日、夜十時頃、好奇心に煽られて、ついその店に入った。それは隣の建物の壁寄りに建てられた細長い飲み屋だ。満員になったにしても、十名ぐらいの客しか座れないこぢんまりとしたお店だ。日本式のカウンターで、板前さんと客が対面して、世間話をしているところだ。客はみんな常連客のようで、お互いに何の違和感もなく、店内の雰囲気は温かかった。両者は単なる売買関係で結ばれるものではなく、家族あるいは友人と似ているような絆で結ばれている親しい関係のものだと強く印象付けられた。

こうして、客に「我が家に帰ったような感じ」を抱いてもらえるように工夫するといった至れり尽くせりのもてなしがあるからこそ、片田舎のように寂しいところに出店していも、客を引き付けられるのだ。その時、客としての僕は、思わず「香りのいい酒でさえあれば、どこに出店したって、何の恐れもないわけだ」（よい商品は宣伝しなくても売れる）との俗語を連想させられた。その上で、日本のあちらこちらに、「百年老舗」が見られるというわけも多少分かったような気がする。ここで、何で客を引き留めるのか、お店は如何に生き残るのか、需給双方ともウィンウィンになる局面をどうやって築き上げるのかを考え込ませざるを得ない。

中国では、百年以上の歴史を持っている「老舗」が何故指折り数えられるぐらい少ないのか。これと対照的に、隣国である日本では、「百年老舗」は十万軒にも上っているとのことだ。その中で、「二百年老舗」は三千軒以上あるそうだ。歴史が一番長い家族企業は西暦五七八年にまで遡ることができる。何故両者の間の開きはそんなに大きいのか。近年、それはよく国内の学者の注目の的になっている。それについては、古い物事より、新しい物事の方が好ましいといった国民性と関わりがないとは言えない。都市化の一途を辿っている歩みの中に、この性向が顕著に浮き彫りにされている。全国各地に散らばっている伝統に富んだ村落や街道などは、何の惜しみもせずに潰されてしまったことは稀なケースではない。数多くの有識者によく指摘されているように、それは伝統的な文化を大切にする風土が果たして発育不良になったからなのだろうか。

勿論、それに限らず、そのような始末になった訳は色々ある。中国は歴史上、皇朝の交代が頻繁に行われているが故に、「老舗」の生存や発展などを巡る環境が破壊されがちになる。また、家族事業には男女差別などの風習もあるせいで、後継の障壁になって、家族自営事業の継承が中断されてしまうこともしばしばある。その上、農業が重要視されている農耕文化と儒教文化の影響のもとで、商人と職人などは粗末に取り扱われがちになっている。こうしたことの背景が、明らかに手工業と商業の伝承と発展の妨げになっている。ここで、「インプット」というミクロ経済学の視点で、それを見てみよう。

技術水準が上がらない限り、人力を減らしたり、原料を控えたりした結果、必ず品質の下落に繋がる。それは夫婦関係と似たり寄ったりだ。たとえ、結婚したにしても、相変わらず夫婦関係に心遣いを払う必要がある。製品の品質も男女関係の維持と同じだ。発売が成功したからと言って、製品の品質を手抜きにするわけにはいかない。ある意味では、品質の厳守と向上は客を尊敬することの表れでもある。「市場経済においては、メーカーにとって、ユーザーは神様だ」との俗説のように、もし、ユーザーの機嫌を損ねたら、メーカーは酷い目に遭うのも無理はない。

よって、品質の絶えざる向上と腕前の弛まぬ磨き上げなどでお客様を引き止めることこそ、企業の生き残るための唯一の生存の道だ。しかしながら、中国企業の場合には、一旦、製品が市場での発売に成功したら、技術の更なる開発に力を注ぐどころか、利潤を引き上げるために、人力にしろ、原材料にしろ、余計に減らすことが現状だ。例えば、ビール醸造業界において、コストを削減するために、無理矢理に、米を麦の代わりに、使用していることがよく見られる。そのせいで、味は著しく変わってしまう。外国ブランド品との激しい競争で、抜かれてしまったので、数多くの企業は消えてしまった。国営企業なら、その体制のせいで活力が失われがちになることも事実だ。責任追及体制が整っていないので、リスクを冒す動機をなかなか見せてくれない。また、私営企業の場合、上場が最終的目標になるようだ。一旦上場の目標を達成したら、次の目標は更なる発展のためではなく、持ち株の現金化である。

それと対照的に、日本の場合、職人にしろ、企業にしろ、一生の事業として誠心誠意に取り組んでいる。だからこそ、短期的に製品の品質を守れるし、長期的に品質の向上や技術開発なども行える。その上、職人や企業を崇める社会土壌が肥えているおかげで、百年以上の「老舗」は数多く生き残ったうえに、成長ぶりも守られている。我々はこのケースから如何なる示唆を得られるのだろうか。

# 47　文化と美食

東京に滞在している間に、印象深かったことの一つとして、どこの国の料理でも食べられることが挙げられる。だから、東京は美食の天国だと言っても差し支えないと思う。特に中華料理が日本人に好まれているらしい。料理の素材のみならず、調味料も中国から直輸入されているそうだ。そのために、日本人の好みに応えるように、中国料理屋が軒を連ねている「中華街」が日本の各地に設けられている。中華街へ行けば、中国料理の殆どが揃っている。勿論、中華料理といっても、本場の中国料理と違って、日本人の口に合うように味が調整されている。

ところで、日本で、中華料理の素材や中華料理の調味料が共に備わっているにしても、中国人の好きな「臭豆腐」の姿はスーパーでも、中華街の食卓の上でも見られない。何故だろうか？「臭豆腐」とは、一体どういうものかときっと聞かれるだろう。豆腐に漬物用の素としての野菜の汁をかけて再発酵したものだ。その特徴としては、「臭豆腐」という食べ物は、料理する前と料理した後、見違えるほど、悪魔と天使の両面性を見事に備えているものだ。

その「臭豆腐」が生のままならば、確かに臭いが、揚げたり、蒸したりして、できた料理なら、香りもいいし、味も旨いので、板前さんの手で魔術のように、「臭豆腐」を「においが臭い」ものから、「香りが良い」ものへと転身させることができる。不思議なことだろう。単なる食事のことではなく、まるで魔術世界に出てきた幻の存在のようなものだ。それは料理の素材段階の創造と料理の仕上げ段階の腕前との両者が手を組んだ後の傑作だ。多分、こんなところにこそ、中国料理の面白さとバラエティに富んだ料理の見事さがあるのだろう。

そう言えば、道家の始祖である老子の是と非、善と悪、福と禍などの物事の「相対主義」は「臭豆腐」という中国特有の料理素材に託されるかのように、表れているのではないか。だが、日本人は理屈っぽい思考が苦手なのかも知れない。そのせいか、「臭豆腐」はいくら美味くても、日本人になかなか受け入れられないのだ。それにしても、老子の自然を崇める思想は日本人に抵抗されずに受け入れられるようだ。例えば、料理に関しては、自然のそのままの味が好ましいとされているのは、自然を崇めることの表れではないか。

刺身によって代表されている生の料理が好きだということも典型的な実例だ。何故ならば、素材のままの味は勿論舌に十分に応えるのみならず、人の手を加えない自然のままの色もたっぷりと我々の目を楽しませてくれるからだ。その上に、自然のままの匂いも嗅覚を刺激するからだ。ところで、検証し難いことだが、日本人は自然を崇めるその性向は道家思想の影響によって生み出されたのか、それとも、元々あった性向が外生変数のような道家思想によって一層固められたのか。

中国においては、ずっと昔から、「色、香、味」で料理のコツはまとめられたのだ。「色、香、味」との並べ方は人間の器官の敏感さの度合いによるものだろう。確かに、視覚は一番鋭い。その次に、嗅覚だ。そして最後に、味覚の出番だ。それはそうだが、現実は、やはりその並べ方は物質の豊富さによって違う。食糧などが乏しい時代、それらに拘る余裕がなかったものの、豊かになるにつれて、次第にその力点は味から香へ、また香から色へと変わっていったわけだ。自然を崇める日本人の場合、早くも味より香、香より色の方に気を取られるかも知れない。その上に、六〇年代、日本は工業先進国の仲間入りをしていたので、それらに凝る豊かさを手にしていたようだ。よって、「臭豆腐」を疎外するのも無理はない。

以上の議論によって、各国の料理の好みは文化と密接な関係があることが分かる。その根は民族文化に張られているが、それと同時に、文化のストックを充実させる役をも演じている。地球を一つの村と見做してみれば、あらゆる文化はその村に住んでいる村民全体に帰属するべきではないか。こうなっていたら、どこの国もそれぞれの需要に応じて、文化のストックから選び取ってもよかろう。そうだとすれば、我が地球村は更なる発展を成し遂げられるのだ。勿論、我が村民の食卓の上でのメニューも一層豊かにさせ得るのだ。

# 48　中所得のトラップ

何故「中所得国の罠」といった現象がもたらされるのかについての課題に、ここ数十年、数多くの学者がその目を向けているらしい。でも、その中に、その罠を上手く回避した国もあるし、その罠に陥ってしまった国もある。通説としては、一人当たり一万二千ドルが中所得と高所得の間の境とされている。よって、中所得国の罠とは、その境辺りのことを指して言う。２０１８年の中国国家統計局の統計データによると、中国大陸の一人当たりの所得はおおよそ一万ドルそこそこだということだ。つまりもう一息頑張れば、その境に手が届くというところだ。そのために、その瀬戸際に立たされている今日の中国では、それを検討するのは現実の意義を持っていると思う。

戦後、中所得国の罠を抜け出した国は十一カ国もあるものの、残念なことに、高所得層にしっかりと留まったのは日本、イスラエル、シンガポール、韓国などの四カ国しかないとのことだ。その理由については、今まで無数の答えが出てきた。その中に、アメリカから移転されてきた技術のお陰だと言及しているものが多い。そういった説は完全に的中しているとも、的外れとも言えない。「当らずといえども遠からず」なのかも知れない。というのは、その米国からの技術は如何にして、その罠を抜け出す手助けになったのか、その道筋が明らかにされていないままになっているからだ。

同じ中所得国であっても、所得を獲得する手段が必ずしも一致するとは限らない。その手段といえば、自然資源、人的資源の二つを挙げればいいと思う。自然資源には、土地と、石油や石炭や鉄鉱石などの鉱産資源が含まれる。一方人的資源は、学歴によって、簡単な労働に従事する人と複雑な労働に従事する人に二分される。自然資源の価格は生産量のみならず、景気の度合いにも左右されがちである。人的資源の前者は希少性が低いので、所得がより低い他の地域に代替されやすい。

自然資源にしろ、簡単な労働に従事している人にしろ、両者とも、買い手市場によって牛耳られていることが実状なので、景気の度合いの変化で、価格の上下シフト幅が大きい。そして、業界内においても、競合関係で結ばれていることが現実的なことなので、不景気になる場合、価格の下落に一層拍車をかけられるのだ。その上、好景気になったにしても、新エネルギーの技術開発が進んでいるが故に、価格曲線が右下へシフトすることもある。農産物の場合にも、気候による不作で、農家の収入が大きな打撃を受けることもある。豊作になったにしても、供給過剰なので、却って豊作貧困現象を招くこともあり得る。よって、他の資源を頼りにする労働者の収入と同じように、農家の収入の変動も激しい。

自然資源のみならず、肉体労働者も労働市場において受身な立場に置かれている。利潤至上の資本の本質は高い利潤を追求するために、渡り鳥のように、飛び渡ることと決まっている。それから、人件費が高くなるにつれて、機械やロボットなどが肉体労働者に取って代わることも多くなる。鉱産物にしろ、農産物と肉体労働者にしろ、その価格を左右する要因が多いので、所得は不安定な状態に置かれがちになる。それ故に、景気周期の影響、新技術の導入の影響、気候変動の影響などの諸要因のもとで、中所得の罠を抜け出し難いことが非常に現実的である。

ところで、人的資源といっても、肉体労働者と比べれば、エンジニアなどの頭脳労働の方が有利な立場に置かれている。学歴が高いほど、希少性も高い。世界においては、技術的障壁が高いので、学歴が高い人を雇用している産業が独占気味になっている。その人達の労働を受ける受け皿としての製品も売り手市場となりやすい。つまりその価格は硬直性が高い。技術にしろ、人材にしろ、共に希少性が高い特質を持っている。需要と供給の間に「アンバランス」と歪みが生じることで、その天平は供給側に偏りがちになる。こうして、上述した資源の買い手市場とは対照的に、市場における有利な交渉立場に置かれているので、売り手市場となりがちだ。

世界範囲内においては、先端技術や高級人材などは経済のグローバル化の進んでいる地球レベルの分業チェーンの川上に置かれているので、価格の主導権を握ることになっている。そのために、それらの国々は、中所得国の罠を順調に避けるのだ。もう一歩進んでみれば、やはり投資と関わりがあるものの、この投資は一般的な意味の投資ではなく、生産に直接的に関与しない国民への長期的教育投資だ。その投資は短期的に所得の増加をもたらすことができないとはいえ、長期的に見れば、経済成長あるいは発展を質的に格上げすることが可能だ。

日本はその典型的実例の一つだ。明治維新以来、義務教育から大学教育まで、積極的に現代教育体制を整備させてきた。よって、敗戦していても、大量の人材を確保できるため、人的資源の上で、経済の高度成長と中所得国の罠からの脱出のために必要な条件を満たすことができた。当然のこととして、人材を受け入れる受け皿としての企業の育成のための税制優遇措置、金融優遇措置などが引き続き行われてきたことも見逃してはならない。

自然資源が乏しいのに対して、人的資源が豊かな中国にとっては、日本の成功の実例から、きっと何か示唆を得られるだろう。目下、中米貿易が摩擦の状態にあるので、先端技術の上では、米国から主導権を取り戻すための争いだけでなく、その罠を回避するならば、収入上昇あるいは産業格上げももたらされ得るという一石二鳥の功となるだろう。

# 49　問題意識の養成

大学院に入ってから、授業の仕方は大学のそれと随分違うと気付いた。教師から与えられた書物を巡って、疑問を各々提出したり、議論したりするといったゼミが主な形だ。それから、順番に発表することになっていた。こうして、大量の読書を基にして、著者の論点、論述の方法、メインテーマを整理した上で、自分なりの考えを打ち出すのだ。特に発表に当たるたびに、関連がある資料を調べたり、知恵を絞ったりして、できる限り発表者の役を上手く演じられるように努力を重ねた。そのお陰で、その過程においては、自分の研究テーマを絞り出してから、それを何度も練り直すことによって、いい研究成果を結ぶところにまで至った。

ところで、小学校から大学までの十数年にわたった学習経歴において、知識は与えられるままに受け入れてきた。そういった知識は既に何度も検証が繰り返されて、成熟化してきたものだからなのかも知れない。その上、社会的な見習い期間も用意されてはいないので、物事に疑問を投げる問題意識がずっと養成されないでいた。勿論のこと、受験教育体制の下で、問題意識を養成する緊迫感の必要性はそれほどでもない。それ故に、受験教育体制は、人の頭脳が知識蓄蔵のための器とみなされるようになった原因だとよく有識者に指摘されている。

中国大陸の大学教育と比べれば、日本の大学教育は「ゼミ」の課程が設けられているおかげで、思想自由、人格独立の養成に有利なのだが、その他のコースなら大陸の大学教育と概ね同じような印象を受けた。教師から与えられた知識を鵜呑みにするだけでいい。お互いに働きかけ合うと言ったインタラクティブなことは殆どないので、まるで一方通行のようなものだ。あたかも、技術が成熟化された製品と同じように、その知識も成熟化されたものだから、次の段階へ上るための基礎的なものだとされればいいわけだ。

だが、頭脳は記憶機能しか持っていないわけではない。ある視点でみれば、人類の歴史は物事に疑問を投げたり、それを解いたりするプロセスの一途を辿ってきた歴史でもあった。それを抜きにしては、人類社会は、そのまま足踏みするだけで前に進むはずはない。そのプロセスにおいては、思考力が何よりも肝要なものだ。だが、受験教育体制のもとで養われるのは、主として「フラッシュメモリ」に相当する蓄蔵機能だ。思考力による問題意識や創造力などの養成はほぼ無いに近い。こうして、学校を卒業したにしても、そうした学生達はせいぜい先輩達から熟練化した職場用の技能を受ける受け皿として、究極的目標としての熟練工の一人になるに過ぎない。

ところで、少ないとはいえ、何しろ、日本の大学教育に、問題意識の育成を目当てとする「ゼミ」のようなコースが織り込まれているおかげで、大学院に入ってから間もなく、ゼミを主とする授業形式に慣れるようになった。そして、物事に疑問を投げたり、根掘り葉掘り聞いたりするといった学問に必要な諸々の素質を徐々に身に付けてきた。もし、大学での教育が「そうなることを知る」という目標を達成するためならば、大学院での教育は「何故そうなったのかを知る」という目標を達成するためだ。それは教育と研究に携わるために不可欠なものだ。

大学院で最後に実った果実はやはり修論だと思っても差し支えないだろう。修論がマスターコースの結晶としての完成品だとすれば、如何にこの「完成品」の品質を保証するのか。その過程において、設けられる中間発表は、その品質を守るための重要な一環だと見做してもいい。まず発表者として、発表会で先生方からコメントを与えられたり、また聴講者として、仲間同士の発表から示唆を得られたりすることになる。その種の発表会はまるで「論文」という製品の良し悪しをチェックするための審査会のようなものだ。

大学院で修得したのは何だろうか。一言で言えば、やはり問題意識の育成だ。問題意識の根を心の奥に張っておきさえすれば、物事の皮相にも止まらず、物事の仮面にも惑わされない筈だ。これからの職業生涯においては、問題意識をバネにして、根掘り葉掘り探求し続けていけば、必ず新たな発見をしたり、新たな創造を生み出したりできるに違いない。

## 50　誘惑を呼ぶ誘惑

動物世界においては、外見から見れば、雄性ホルモンのお陰で、雄の方が雌よりずっと綺麗だとの現象は普く認識されている。雄のその鮮やかな外見は、雌の目を引くためなのだそうだ。だが、雄のその鮮やかな外見は、家族の安全を守るために天敵の注目を引くのだとの説もある。それはさておき、動物世界において、遺伝子の継承のための交尾権を争うことは非常に激しいことが事実だ。交尾権が取得できるか、あるいは譲渡しなければならなくなるかは、雄の持つパワーと外見によって決定する。だが、この外見は生まれつき神様から授与されたものだ。

しかしながら、人類世界においては、「綺麗」という褒め言葉は女性のみに使われる専門用語になりそうだ。人類世界は動物世界と逆なのではなかろうか。八〇年代終わり頃、化粧品とは何物なのかわからなかった。それは大陸出身の人々にとって全く馴染まない存在だった。筆者も東京に滞在してはじめて、やっとその正体が分かるようになった。でも、その使用権は、殆ど女性に独占されているような感じがする。動物世界においては、雄の外見は天授されているのに対して、人類世界においては、何となく、雌の外見は人の手で作り直されているような感じがする。

ところで、動物世界において、神様に授与された外見優勢は、人類世界においては、全く転覆されてしまったのか。人類世界においては、「自分のことが好きな人のためのお化粧」と中国の昔の伝説によって伝えられている通りに、外見を最適化するのか？　それとも、明確な目的がないままに、外見を最適化するのか。ひょっとすると、コミュニティーにおける単なる礼儀上の要請のためなのかも知れない。何しろ、外見に凝っているのは、当たらずとも遠からず、異性の目を奪い取るためにほかならない。

「セクハラ」との言葉は日本に来て初めて耳にした。その意味はナンパと強姦との間にあるらしい。ナンパといえば、一方から積極的に仕掛けるものだ。たまに、男女間に言葉のやり取りをすることもあるとはいえ、交際を強いる強制的行為ではなく、上手く行けば、恋愛関係にまで進んでいくこともあり得る。これに対して、強姦とは、強制的しかも暴力的な行為のことを指して言う。それ故に、道徳世論にしろ、法律法規にしろ、それは異性を襲ったり加害したりする犯罪行為だとされている。

セクハラの場合、一方から無理矢理に仕掛けるのだが、性への自己制御に弱い痴漢や変態などの人達の間で「セクハラ」が引き起こされがちだ。というのは、セクハラはそういった人達にとっては、まるで性の飢餓止めのための薬剤あるいは性の飢餓症状の緩和のためのアヘンのようなものだからだ。混雑している電車の中で、こっそりと女性に手を出したりして猥褻なことをするものは大抵その連中だ。だが、結果としては、暴力を振るう所にまで至らずに済むことが殆どだ。よって、「セクハラ」はその両者の間に置かれているものだと思ってもよかろう。

物事の間に何かを媒介にして結ばれているロジック的な関係があることは決まっている。そうだとすれば、「セクハラ」が引き起こされた絆としての因あるいは縁は一体何だろうか。「セクハラ」をハードな誘惑として捉えるならば、上述した「外見を鮮やかにする」といった見せようとする行為はソフトな誘惑ではなかろうか。化粧のことを広い意味で捉えるならば、顔だけでなく、服装も含まれるわけだ。例えば、ジャンパースカート、ローネックライン、ミニスカートなどによる肉体の露出で周りの人達に視覚的な刺激を与えることによって想像空間が作り出されるわけだ。その結果として、セクハラにまで導かれていく始末になってしまう。

化粧の効用が辿っているプロセスから見れば、今まで焦点にされてきたその「セクハラ」は視線誘惑に嵌められた派生誘惑に過ぎないことは明らかである。よって、「セクハラ」は視線誘惑から実った、予想を外れた悪い報いだと見做してもよかろう。そう言えば、化粧をした人がやられたにしても、何となく自業自得のような気がする。だが、露出的な格好は本当に「セクハラ」の直接の引き金なのだろうか。「セクハラ」の原因は、本当にお化粧そのものなのだろうか。果たしてそうだとすれば、化粧をした人は被害者であれば、加害者でもあると思われても差し支えないだろう。しかしながら、人類の血脈が末永く続いていくということにとっては、ある程度の誘惑は不可欠なものなのではなかろうか。

# 51　目に見えない揉み合い

日本の土地を踏んだその瞬間、中日両国は共にモンゴル人種であり、儒教文化圏に置かれているる近隣同士でもあるために、多かれ少なかれ、違いがあることを感じてはいるが、異国に居るというような感じがしなかった。特に、大都会である上海出身の人達が感じ取ったのは、建物の新しさと交通の便利さといったところだけだった。東京での滞在の初めの頃、大抵「馬に乗ったままに花見をする」ように旅をする時の感触と同じくらいだった。「川面の光と掠める影」との喩えのように、見聞は物事の表面にのみとどまるからだ。それ故に、もっと深く知ろうとする意欲があれば、それに融け込んで、一体化してからこそ、骨身に染みる愛と憎しみが生み出され得るはずだ。

日本で、アルバイトしながら、留学生活を営んでいる期間、割合に長くやったバイトが一つあった。娯楽場所である「パチンコ屋」でのバイトだった。「パチンコ」は大陸からの留学生によって「扒金库」と訳された。上手く訳されていることが印象的だ。音声のみならず、意味もぴったり合っているからだ。もし直訳するならば、「葩磬蒽窟」となるはずだ。だが、ざっと見ると、一体どういう意味になるか。珍紛漢紛だろう。パチンコ屋での遊びは、運が良ければ、一日で十万円以上儲かることもあり得る。よって、中国からの客はこのような憩いの場所を金庫としているとのことだ。その遊び行為は「搔く」とされている。面目躍如たるものがあるではなかろうか。「扒金庫」との訳語は音声と意味が共に揃っている完璧な通訳見本だと思わないか。

筆者がバイトをしていた店は、山手線のある駅にある。そこへ行くには、歩いて、十分以上かかる。それは住宅地に囲まれているので、そこを訪れる客は、殆ど近くの住民だ。「球の大放出」との看板が掲げられる販売活動もたまに行われるのだ。勿論、その狙いは通りかかった客の足を止めようとするところにある。だが、平日、店の近くを通りかかる人は少ない。それで、店の売り上げは殆ど周りの常連客を頼りにするわけだ。もし全て、常連客を頼りにするならば、店の通常の営業を保つだけでも精一杯だろう。それはパチスロを入れて二百台ほどの機械がある中型の店舗だった。平日、機械占有率は三十％くらいに達すれば、客が多いほうだ。

従業員の仕事は三つある。一つは憩いの場らしさを浮き立たせるために、惑わしのような言葉を以て客の遊び心をそそるようにマイクで宣伝することだ。もう一つは、客の玉箱をカウンターに運んであげることだ（お年寄りと女性にのみ限られる）。三つ目は閉店後の清掃だ。その店の経営の様子を見れば、利用する客が少ないので、清掃は大したことではなくて、せいぜい十分で済むのだ。来客が少ないから、やるべきことも少なくなるのだ。月給は契約通りに決まっているので、客の人数によって影響を受けない。

来客が少ないならば、体をリラックスすればいいじゃないかと思っている。ところが、パートナーとしての日本人の一人は、ずっと愁がありそうな顔をしている。奥さんと口喧嘩などをしたせいかと思っていた。暫く付き合った後に、何かあった？　と聞いてみたら、その訳を打ち明けてくれた。「この様子を見れば、長く持たないようだ。俺達は他の店に応募しなくちゃならない」と言った。

なるほど、僕の考えと随分かけ離れていた。大陸の当時のイデオロギーのような言い方で言うなら、彼は僕の階級兄弟だ。二人とも社会的低層に置かれている草の根の存在だ。今日の流行っている言い方で言うなら、運命を共にしている仲間同士だ。だが、何故、二人の考えはそんなに乖離しているのか。それは子供の頃から育てられてきた環境が違うためにほかならないと思う。子供の頃から、計画経済の雰囲気が我々の心の奥にまで染み込んできたが故に、破産とか、失業とかなどの危機意識を持たないでいる。それと対照的に、市場経済の雰囲気で育てられてきたその日本人の同僚は全く違うのだ。彼は破産や失業などが日常茶飯事だと受け止めているために、店の経営の悪化に対して心配そうな顔を見せていたのだ。

このことからどんな示唆が得られるのか。異なる国、異なる民族、また異なる文化の下で、きっと顕著な揉み合いが引き起こされることが多いに違いない。だが、目に見える顕著なことだからこそ、その類いの揉み合いは排除されたり、回避されたりすることが割合簡単だが、生活環境で骨身に染み付いてきた影響からもたらされる揉み合いはなかなか乗り越えられ難い。それは感知され難いし、無視されがちになるからだ。だが、常に付き纏われており、時々現れてくるのだ。

その目に見えない揉み合いをもたらした要因は短期間で生成されるわけではないからだ。環境が考えに働きかける作用は日に日に積み重なっており、知らず知らずのうちに感化されて変わるといった長い過程を辿ってくるわけだ。だが、一旦形作られると、揺るぎない性質だ。乱暴な言い方だと思われるかもしれないが、ある考えが定着したら、俗語で言い表されている通りに、便所の傍にある汚れた石のように、臭い上に、固い。そのせいで、感化され難いものだ。

そのために、「転ばぬ先の杖」との諺のように、予防策を講じておかなければ、揉み合いやトラブルなどの種になりかねない。その対応策としては、「小異を残して大同に就く」ことが良策の一つではないかと思う。「大同」という「数多くの共通点」があるからこそ、仲良く付き合っていくための基盤が築き上げられ得るのだ。そのような基盤があってからこそ、「小異」という「気にしている相違点」を放っておくためのしっかりとした土台が敷かれ得るのだ。そうすれば、互いに譲り合い、互いに向こう側に近づいてみようと試みることによって、結局、双方とも納得できる妥協案が生まれるわけだ。

世間の目で見れば、妥協というものは腰抜けとか降参とかなどのマイナスのイメージとして受け止められがちだが、勿論、最低ラインの無原則的放棄を強いることではない。従って、ここで言う妥協は確かにチャレンジ的な選択肢だと見做してもいい。それは知恵のみならず、勇気も欠かせないものだ。わがままに物を運んでいくならば、酷い目に遭いかねない。よって、知恵に富んでおり、勇気にも満ち溢れたこの妥協は、国同士の共存共栄のための立派な方策でもあれば、人間同士の共存共栄のための絶好な処方でもあると言えるだろう。

# 52　日本流の「江湖」

人が集まる所でさえあれば、グループ組織のような輪がある。そのような輪がある所でさえあれば、数多くのそのような輪によってなされた江湖（世間）がある。輪とは同じ出身あるいは同じ好みを基にした人々によってなされている繋がりの緩やかな社会的団体のことだ。その上に、「裏には裏がある」で喩えられた通りに、このような多数の輪から、盤根錯節のように、複雑に入り乱れた社会あるいは江湖が成されるわけだ。

この江湖天下は俗世天下と表裏を成してから、まとまった社会がやっと出来上がったのだ。この江湖は上品な場所に出せないとはいえ、まるで潤滑油のようなその江湖を抜きにしては、「社会」という機械の運転は不順になりかねない。敢えてそれに名を付けるならば、灰色の世界だと称してもいいだろう。それは表に出された白色の世界に帰属するものでもないし、裏に潜んでいる黒色の世界に帰属するものでもないからだ。それは白色と黒色の間をうろついたりしているものだ。

日本も例外なく、集団の輪造りの現象は中国のそれより一段と顕著だ。おそらく根深い「先輩文化」から影響を受けているのだろう。先輩文化を土台にしているおかげで、集団内の秩序が整然としている。それに、闇に隠れているものではなく、日本の集団の輪はオープンな形で見せているものだ。これについては、自民党の派閥のことを見れば、分かってもらえると思う。ヤクザ組織を例にすれば、もっと明らかになる。「山口組」との看板を堂々と掲げられることは映画やテレビドラマなどからでもうかがえるのだ。

「人脈」との言葉は日本に来て初めて聞いた。多分それは中国語の「関係」との言葉からの訳語だろう。その人脈は集団の輪をもとにしているそれぞれの異なる輪と輪の接点のようなものだと見做してもよかろう。互いにスムーズに意思を通じあったりするように、時に応じて「授」と「受」の役を交替することによって、巨大な人脈のネットが織りなされたのだ。人脈の輪は集団の輪よりもっと広がっているものの、その結束は集団の輪よりもっと緩やかになっている。

戦前の財閥のことが印象深いだろう。その内核を成しているのは血縁で結ばれた家族の塊だ。表1で示されたように、その核と核の繋がりは家柄が釣り合うことによって結ばれた姻戚関係によるのだ。戦後、株式会社に取って代わられたり、所有権と経営権が分離されたりするが故に、これまでの財閥の輪も次第に消えてしまいそうになっている。だが、財閥が解体したからといって、この類いの輪も消えてしまうというわけではない。

戦後、時代の移り変わりに応じて、学校を中心にして織りなされた学閥の輪は勢いよく広げられていった。その勢力は企業だけではなく、政党にまで及んでいる。学校を中心にしている集団の輪を固めるためには、ゼミナールは欠かせないものだ。このゼミナールの元で、学術研究への好みを接着剤として、大学の緩やかな組織は指導教授の門下に貼り付けられたりして、固められるのだ。表2で示されたように、社会人になってからでも、その源を遡ってみると、出身校も一緒だし、指導の先生も一緒だ。その上に、同期生あるいは入学序列などの手掛かりに沿って、際限もなく、境界もない広々とした江湖世界を築き上げられるわけだ。

例えば、日本の衆議院議員と参議院議員及び内閣大臣は、

**表1　戦前の江湖の輪の仕組み**

| 類別／特徴／内訳 | 戦前の江湖の輪 | | |
|---|---|---|---|
| 源 | 家族血縁連携及び姻戚関係 | | |
| 輪別 | 財閥グループ | | |
| 文化土壌 | 先輩文化 | 内と外の区分け | 集団主義 |
| 効用 | 秩序の井然 | 輪本位の強化 | 結束の固まり |

法律を専攻してきた人が殆どだ。そして、東京大学、早稲田大学、慶應大学、中央大学などの四つの名門大学を出た人が割合に多い。名門大学を元にして、盤根錯節のように官界、財界、学界などの上部構造の各領域に伸びていって、膨大な人脈ネットを織りなしたのだ。俗語で言うと、この人脈ネットは所謂江湖天下だ。表世界を操るのは「建前あるいは原則」によるものだ。即ち、法律法規を頼りにするのだ。だが、裏世界を操るのは「本音或いは本心」によるものだ。即ち、江湖道義を頼りにするのだ。こうして、建前と本音の両者は表裏を成して表世界と影世界を牛耳るのだ。表世界にのみ託すなら、運営手段が膠着状態に陥りがちなので、行き詰まりを引き起こしかねなくなる。だが、影世界にのみ託すなら、管理手段が円滑すぎるので、脱線しやすくなる。

内と外の区分けも日本文化の特徴の一つだ。その特徴があるお陰で、集団の輪の枠は明らかになり、より纏まるようになる。よって、集団の枠内の人達は疎外化を心配する焦りが

**表2　戦後の江湖の輪の仕組み**

| 類別／特徴／内訳 | 戦後の江湖の輪 | | |
|---|---|---|---|
| 源 | 出身校及びそのゼミナール | | |
| 輪別 | 財界 | 政界 | 学界 |
| 文化土壌 | 先輩文化 | 内と外の区分け | 集団主義 |
| 効用 | 秩序の井然 | 輪本位の強化 | 結束の固まり |

あることが多いから、却って、その輪の帰属感が強められることによって、その輪の結束力を一層高められるのだ。そのお陰で、輪の更なる固まりを手助けするのだ。上述した不文律の「先輩文化」はもともと緩やかな輪といった組織の仕組み及び江湖世界に一定の秩序を与えるのだ。そして、内と外の区分けは輪の秩序を保ったり、その輪の基盤を整えたりする役割を果たしている。三番目の特徴は、周知のように、集団主義だ。個人のことより、集団のことの方を大事にするために、集団のことへの忠誠心も一層高まるのだ。そのお陰で、輪の枠組も一層強まることになる。その三つの特徴は日本なりの江湖世界の特徴でもある。その三者があるだけに、集団の輪及び江湖世界が成り立ち得るのだ。

　財閥家族メンバーを主としており、封建的彩りを帯びている戦前の集団の輪と比べれば、学校を軸にして周辺に広がっていく戦後の集団の輪の勢力は、何となく現代的な特徴のような気がする。というのは、伝統的な血縁と関わりがないが、学校と切っても切れない関係があるからだ。そのために、今日のそのような集団の輪及び江湖の輪は、その生存空間にしろ、その生存能力にしろ、もっと広くなったり、もっと大きくなったりするらしい。よって、その生命力ももっと強くなるはずだ。

# 53　職人気質とノーベル賞について

## はじめに

ＹＫ大学経済学研究科のマスターコースを修了した後、ＴＧ大学地域研究科へ指導教官を尋ねに行ったが、あいにく、ＨＢ大学へ転勤したということだった。当年、三カ所で受験してみたところ、全て合格だった。そこで、二カ所の入学手続きをし、また、そのうちの一カ所で休学手続きをした。そのため、その後そのような厄介なことが相次いだ。

やむを得ず、嫌でもＨＢ大学へ訪ねに行かざるを得ない。その大学の正門に入ったら、思わず目を輝かせてしまった。赤一色の煉瓦で建てられた建物が、キャンパス内の大通りの両側にずらりと立ち並んで、その歴史的な重みが高波のように押し寄せてくるような感じがした。経済学科はその学校の誇っている売り物の一つになっている。大蔵省（現・財務省、金融庁）の役人達の中に、その大学を出た人がかなり居るとのことだ。そのために、同校は大蔵省との間のパイプが太いらしい。

だが、ここ数十年、次のような疑問をずっと抱き続けている。そんな歴史的な重みがある立派な大学なのに、どうして、ノーベル賞授賞式に、その名前が一度も出てこないのか。六〇年代に入って、日本は経済の高速成長を迎えた上に、東アジア諸国のリーダー役まで担ってきた。六〇年代の終わり頃に、日本は米国に次ぐ経済大国になった。それにしても、何故、ノーベル賞（経済学）受賞者が未だに現れてこないのか。

## ⑴ 職人気質の特徴

去る二十年間の間に、ノーベル賞を取得した日本人の受賞者の名簿を開いてみれば、読者の皆様も筆者と同じような疑いを抱くに違いない。その疑いを解こうとするなら、きっと、随分手間が掛かるだろう。まず日本人の国民性の特徴のひとつとされている「職人気質」のことを手掛かりとして、そのことを探ってみよう。「職人気質」は顕著な特徴として「一筋に思い詰める」との言葉通り、根性があって、脇目もふらずに物事に打ち込む性質だ。その職人気質の像は、物事に取り組む深さ、及び物事に凝る細かさといった仕事ぶりによって、見事に浮き彫りにされるのだ。物理、化学、医学などの自然科学研究領域が細かく細分化されたことのおかげで、職人気質の粘り強さと綿密さは一層生かされ得るのだ。では、次に、ノーベル賞日本人受賞者のリストを見てみよう。

## ⑵ ノーベル賞の受賞の現状

一九四九年から、二〇一九年にかけて、七十年間の間に、受賞者は二十七人にも達している。物理学賞受賞者は十一名で、化学賞受賞者は八名だ。それから、医学賞受賞者は五名だ。四位の文学賞受賞者は二名だ。そのほか、平和賞受賞者は一名だ。もし、中東地域のイスラエルを入れれば、アジア地域のノーベル賞は殆どその二カ国によって占められていることが事実だが、残念なことに、経済学賞受賞者の中に、日本人は一人も見られなかった。何故経済学賞だけ欠如しているのか。読者の皆様もそういう疑問を抱いているだろう。それでは、それに焦点を絞って、その謎を解いてみるが、それと同時に、どういう訳かをも掘り出してみよう。

## ⑶ 思惟の類型

前述に言及した日本人の国民性、即ち職人気質がカギを握っている。具体的に言うと、その思惟パターン、即ち一筋に思い詰めること、およびその行為パターン、即ち途中で諦めたりは絶対しないことである。思惟パターンを大まかに分ければ、およそ、三種類が取り上げられるだろう。第一に、「高所からの見下ろし」式の思惟、第二に「広角レンズ」式の思惟、そして第三に「深く耕す」といったような思惟だ。一言で言えば、思惟の高さ、広さ、深さである。もしその三者を組み合わせれば、思惟パターンにおいての立体思惟あるいは三次元思惟が成されるはずだ。だが、それは世間で広く知られている点、線、面、立体、多次元などの概念の上でのものではない。ここで言う高さ（零維）、広さ（一維）、深さ（二維）などの三者の間に、上下の差もないし、優劣の差もない。

### ⑷　職人気質と自然科学の契合

日本人の職人気質は二維思惟パターンに帰属するべきものだ。即ち「深く耕す」といったような思惟パターンだ。日本においては、百年以上の老舗が多いことも、それと深い関わりがあると思う。今まで獲得したノーベル賞はこの思惟パターンのもとで結ばれた結晶にほかならないと言えるだろう。この思惟パターンは物理、化学、医学などの科学研究とよく契合しているようだ。言い換えれば、それは科学研究に携わっている方々の職人気質の表れでもあれば、職人の粘り強さと綿密さの実験室においての表れでもある。

その類いの研究に欠かせないものは、マラソンと同じようなスタミナ、及び物事に没頭する粘り強さだ。中国のある俗語で喩えられたように、「黄河まで着かないと諦めないが、黄河に着いたにしても、向こう側まで泳いで行こう」という決意だ。土地に深く根を張りさえすれば、「思惟」という松の木はすくすく成長するはずだ。勿論のこと、その中に、零維思惟パターンと一維思惟パターンが混ぜ込まれていることもあり得る。だが、この両者と比べれば、二維思惟パターンの方が占めているパーセンテージは割合に際立っていることは疑いようのない事実だろう。

## (5) 経済学科とその思惟パターン

ところで、経済学の研究は上述した研究と一体如何なる相違点を持っているのか。経済学の研究は社会政治経済の分野での政策作りへの知力インポート、及び作戦室での軍事戦略作りへの知力インポートなどの労作と類似しており、共に思惟の高さと広さを必要とする。それらがあってからこそ、物事の全貌を見抜くこともできるし、物事の本質を掴むこともできる。よって、零維思惟と一維思惟の両者はその類の思惟仕事によりよく当て嵌められるものだと思ってもよかろう。政治、経済、軍事などの三者が活躍するのは実験室においての実験と全く違って、共に巨大な舞台を必要とする。

特に政治と経済は双子のような仲なので、その三者は零維思惟と一維思惟を頼りにするのも無理はない。日本の歴史を調べれば、世界で広く知られている名高い政治家、軍事家があまり見られないことは確かなことだ。やはり、思惟パターンの好みとの関連がある。それで、思惟結晶の如何が思惟の立脚点としての高さ、広さ、深さなどの思惟の三次元によって決められるといってもよかろう。そのために、ノーベル賞受賞者の隊列の中に、「経済学賞」受賞者の人影だけ欠けていることがおかしいことだと決して思ってはならない。

## ⑹ 結び

以上の論述から、次のようなことが明らかになった。①戦後のアジアにおいては、ノーベル賞の受賞は殆どイスラエルと日本の二カ国によって独占されていることが事実だ。また、②日本がそんなに多くのノーベル賞を獲得し得たのは全て職人気質のお陰だ。そして、③如何なる思惟結晶を結んだのかは思惟パターンによって決められている。さらに、④思惟パターンの欠如から、経済学賞の欠如が生まれたのだ。

ところで、課題が一つ残っている。即ち、思惟パターンは育成され得るかどうかについてのことだ。それは非常に精力と金銭を費やすに値する有意義な課題だと思う。果たして育成され得るとすれば、国民性への改造にも手を施すことができるはずだ。改造と言えば、遺伝子の欠陥を補ったり、治したりすることだと思われがちだが、実は、そうではなく、依然として、教育と関わるものだ。だが、紙面の幅が限られているので、その論説を別章に譲ることにしよう。

# 54　コンビニからの示唆

日本での滞在期間中、コンビニエンスストアを利用することが多かった。アパートに戻ってくるのは大抵夜中十二時以後だったので、帰りに、コンビニエンスストアに寄って、おでん、弁当、煙草、ガムなどを買って帰るのだ。その時、中国大陸には、コンビニエンスストアのような小売店がまだなかった。よって、この類いの小売店の便利さが印象的だった。そして、利用する回数が多くなるにつれて、注目度合いも高まりつつあり、認識度合いも深まりつつあった。特に経済学を専攻した後にそのような傾向が強まりつつあった。

伝統的な小売業と比べれば、商品棚がオープンになっているので、買い手にとっては、品物を選ぶ際に便利な上に、売り手にとっては、人件費が削減され得るのだ。その上、年中無休なので、夜中に来店する買い物客のニーズにも応えられるのだ。このようにして、時間が空間に取って代わることができるお陰で、営業面積も倍に逓増する効果をもたらされ得るのだ。このような小売店は全国各地の住宅地の周辺に散らばっていることが多い。それは小売業の中のゲリラ小隊のような存在だ。まとまったものがばらばらになって、至る所で花を咲かせるようになっている。

それは平凡そうに見えるが、大型小売店に負けずに、同じような規模の効果を成し遂げることが可能だ。その秘訣はそのアクセスのし易さと、発達した物流を巧みに利用していることにある。なんとなく馴染んでいるような感じがする。34章で示したように、助詞は接着剤のように機能しているお陰で、文に散らばった各語彙は見事に統合されることになっている。発達したその物流なども同じく日本語のセンテンスの中に織り込まれている接着剤としての助詞のような役割を果たしているものだと言えるだろう。全く繋がりがなくて、あちこちに散らばっている小売店なのに、接着剤のような物流のお陰で、全国を覆っているネットワークと繋ぎ合わせられている。

一見すると、小さくて、バラバラになったものだが、実は、エッセイのように、形式はバラバラでも、中身は繋がっている。このような形式は儲かる方法の一つであれば、生き残るための手段でもある。「塵も積もれば山となる」と「千里の行も足元から始まる」ように、ちょっとした勝利を集めれば、大きな勝利となるはずだ。「大勝」あるいは「千里」こそが目的だ。

経営の上では、まとまったものをバラバラにするが、財務の上では、また、バラバラになったものをまとまったものにする。気分任せに組み立てられ得る積み木と似たり寄ったりな感じがする。そのような経営方式なので、新規開業にしろ、老舗廃業にしろ、企業にとって、共に大したことではない。時によって、それは企業にトカゲの尻尾のようなものとして切り離されることもあるので、企業全般にダメージを与えるはずはない。

そのような経営方式は土地資源を最大限に利用するのみならず、消費者にも便利さを与えるものだ。目下、流行っている言葉で言うと、願ってもないウィンウィンの状態だ。その経営方式のもとでは、買い手のニーズに応えることと、潜在的ニーズを唆かすことというような二本柱を並行して運営しても差し支えなさそうだ。たとえ後者がまだ未熟であっても、テストとして、ある地域で試してやれば、企業全般にわたる経営を妨げるはずはない。だが、そうすることによって、企業は活力をとこしえに保っていけるわけだ。

ところで、我々個々人もそれに学ぶべきだと思う。企業は能動的にまとまったものをバラバラにするといった企業の経営方針と対照的に、我々個々人の誰もが例外なく、広義の上での生活に縛られているせいで、受動的に、まとまった時間が破片化されたものをどうやって充分に利用するのかということに直面せざるを得ない。例えば、通勤する途中の時間と、退勤してから家へ帰ってくる途中の時間だ。つまり電車やバスなどの交通機関で時間をどう充分に利用するかということだ。

貴重な時間を無駄にしないようにすれば、生命の品質が引き上げられるだけではなく、我々の寿命も知らないうちに、延ばされ得るのではなかろうか。なぜなら、時間は生命と等しいからだ。神様から預かっている生命を粗末にする権利があるかということを念頭に入れておかねばならない。特に、通信技術が進歩するにつれて、タブレットPC、スマートフォンなどの製品も続々と登場したために、時間の破片を綴ろうとするその願いにとどまるだけで済むことではなくなり、その願いを叶えることも現実になりつつあるだろう。

# 55　ホームレスについて

八〇年代の終わり頃、東京の新宿駅で、地下の通路に寝ている放浪者のような人がよく見られた。その通路には、段ボールを組み合わせて周りを囲んでいる、一人しか入り込めない粗末な小屋が少なくなかった。最初は、乞食だと思っていたが、しばらくしてはじめて、物を乞う場面を一度も見ていないと気付いた。そして、在日の十数年間、物乞いする場面が目に入ったことはない。だが、池袋駅の東口で、布施を受け取っている托鉢僧の姿が時々見られた。今でも、地下鉄の駅の東側の玄関で、鉢を持ってそっと立ったまま、通りかかる人から布施を受け取っている独りぼっちの托鉢僧の姿はたまに頭の中に浮かぶ。

確かにその人達は乞食ではないとはいえ、放浪者でもないようだ。その人達が何処かへ移動しようとする兆しはちっとも見えない。それどころか、一カ所に定着しているらしい。そのために、もしかすると、ホームレスと称した方がもっと事実に近いかも知れない。ところで、その人達がどうやって生計を立てているのかということは未だに明らかになっていない。東京の街道で、段ボールを載せた手押し車をたまに見かける。それで、段ボールの収集と販売を通して、生計を立てているのではないかと思っていた。または、政府の生活保護を頼りにして生計を立てているのかも知れない。

駅の辺りで、酒に酔った飲兵衛のようなその人達の姿がしょっちゅう目に入ったが、その中に、女性の姿は一人もなかった。もし女性も入るとすれば、メキシコ製の映画で見たジプシーのように、独特の部落を作り上げられるかも知れない。残念なことに、それ故に、その群体それ自体には、自己更新メカニズムあるいは再生機能が付いていないことは明らかなことだ。外来参入がない場合には、一定の時間をおけば、消えてしまうはずだ。

映画やテレビドラマなどの作品から、欧米の放浪者が音楽を売り物にして生計を立てている場面が覗ける。だが、日本では、そういう形は極稀なことだ。それにしても、その生計は物乞いをして貰えるものを当てにしているわけではない。ひょっとすれば、乞食を「嗟来の食」として、そのような侮辱的な施しを軽蔑するためなのかも知れない。果たしてそうだとすれば、「乞食」はその群体の自尊心を傷つける恥の一つとして受け止められるだろう。それに対して、「放浪」という行為は自尊心を傷付けることだと思われていないようだ。よく考えてみれば、確かにその通りだ。「放浪」という行為は人を頼りにする必要がないようだが、これに対して、乞食をするならば、人に何かを求めなければならないからだ。

だが、人に何か頼むことは本当に恥を掻かせることだと思われるのだろうか。必ずしもそうだとは限らない。平日、コミュニティーにおいて、「よろしくお願いします」という挨拶をよく耳にするだろう。それは人に何か求めることではないだろうか。それでも、それは物質的に何か頼むことではないから、恥を掻くことだと見なされていない。それに、このような願いは互いに助け合う行為だとされているからなのかも知れない。例えば、「こちらこそ」との挨拶だ。そのため、その類いの願いは恥として軽蔑されずに済む。ところで、何でホームレスが生まれるのか。またその群体の盛衰をもたらす要因は一体何だろう。

まず取り上げられるのは、経済景気指数のことだ。確かにその群体の盛衰は景気指数と逆相関関係にあるが、とはいえ、ホームレスの人数にしろ、その生活の惨めさにしろ、日本は同じ先進国であるアメリカと比べ物にならないくらいだ。そのことは映画やテレビドラマなどの作品から多かれ少なかれ窺えると思う。では、それは主な要因ではないとすれば、その盛衰を影響する主な要因とは何だろう。ここでまず思い付くのは、ジニ係数にほかならない。収入格差といえば、先進国のグループの中で、日本は低い方だ。そのお陰で、ホームレスに関しては、「月と鼈」との喩えのように、日本と米国との間に、桁が随分離れているのが実状だ。

先進国まで、こんな目に遭うならば、経済発展が遅れている途上国の場合には、ホームレス現象はもっと酷くなると想像が付くことだろう。よって、そのホームレス現象は世界中にわたってその影響力を振るっていると言ってもよかろう。その上、その現象は先ほど触れたジニ係数や経済景気指数などのほかに、社会福祉や風俗習慣や伝統文化などとも絡んでいるものだ。

例えば、日本では、四十二年間も放送し続けられたテレビ時代劇『水戸黄門』から影響されて「勧善懲悪」の男伊達を目指していないにしても、足任せに日本中を旅する主人公の自由な生活に憧れている人もいるかも知れない。自由であるという意味では、確かに、この両者は共通している。

中国の場合には、「乞食族」という派閥の乞食文化から、影響を受けているせいか、「乞食」という行為は恥だと思われていない。特に改革開放以来、「乞食」という行為は貧困脱却のための手段だとされており、ある人達に一時的に悪用されているところまで至っている。それ故に、マスコミも大騒ぎをしていたようだ。この事件から、次のようなことが読み取れるのではなかろうか。それは、中国大陸のその人達は物事の結果にのみ偏っている傾向があるものの、物事を運んでいるプロセスに全然注意を払わないでいるということである。

「ある人は乞食を通して不動産を何件も手にした」と、興味深げに語っている場面をよく目にしていた。「揶揄されるのは娼婦ではなく、貧乏そのものだ」とまで言われた。よって、貧困であることは恥を掻かせることだと思われている。そして、メンツを重んずる伝統的な習わしの影響で、貧困こそメンツが立たないことだと思われている。その背景に、「貧困」は「劣等感」の種になり、また「劣等感」があることで、臆病者になるうえに、その臆病者はまた更なる貧困のための種になるというような一つの悪循環が織りなされているらしい。それ故に、「乞食」という行為により貧困を脱却させることができるならば、「乞食」という行為の選択に拍車が掛けられることも当たり前のことになっている。その上、「乞食族」の伝統的な乞食文化から影響を受けているお蔭で、心理的な障害が取り除かれるだけではなく、「乞食」との行為を正当化させるための裏書にもなっている。

米国は、いわゆる「民主、人権、自由」などの信念に夢中になっているので、「生命権」より、そういった信念の方に偏っているらしい。それはコロナウイルス蔓延中の米国国民の行為によって、既に裏付けられたのだ。自由の追求の極みに至っては、ホームレスも自由の表れの一つとして受け止めればいいではないか。よって、「ホームレス現象」はまた米国の文化に特有のレッテルを貼り付けていると言ってもよかろう。

「ホームレス現象」は表面で見れば、ジニ係数、景気指数と関わりがあるが、もう一歩深掘りすれば、経済的要素のみならず、政治や文化などとも絡んでいることが分かる。発展途上国の場合には、その現象に及んだ影響因子の中に、ジニ係数、景気指数などの経済的要素が割合に大きいが、先進国の場合には、経済的要素のほかに、多岐にわたった要因が絡んでいるらしい。それ故に、それに手を施すのはそんなに簡単なことではないのではなかろうか。

# 56 「万里の行」について

幸か不幸か、五〇年代生まれの世代は、人生の道程において、二回も人生の激動をもたらした全国規模あるいは地域規模の人口移動に出会った。一回目の人口移動は「片田舎へと赴く」とのことだった。それは六〇年代末期から七〇年代初期にかけて、全国を巻き込んだ「農村へ行くように」との呼びかけに応じる国レベルのプロジェクトのことだった。一回目のそのプロジェクトと対照的に、八〇年代末期に起こった二回目の人口移動の出来事は中国大陸の東側にある都市の市民が自発的に「海外へ渡航する」という地域レベルのことだった。

両者の共通点は「再教育を受ける」というところにあると思う。だが、前者は受動的だが、後者は能動的だ。勿論のこと、教育を受ける場所が違うし、授業に当たる教師も違う。それでも、その両者は共に「万里の行」を執行している実践者として、外部から、養分を摂取することにかけては、共通している。ずっと昔から、「万里の行」を「万巻の書」と並列してきたことからも、「万里の行」が重要視されていることが一目瞭然だ。

「万里の行」の最大のメリットは見聞を広げることだとされている。身を以て体験したり、肌で触れたり、また、その目で見たり、その耳で聞いたりすることだからこそ、リレー式の「N次卸売」のような間接的な伝聞のせいで起こった失敗を免れ得るわけだ。信頼性が高いので、選別作業を抜きにしても良さそうだ。だが、あまりにも感性的なものなので、理性的な段階へ引き上げたり、質的に向上したりするように工夫しなければならない。「万巻の書」は「万里の行」と違って、練り上げられた先人の知的な結晶の集合だ。

それらに照らしながら「衣装を整えることができ、得失を明らかにすることができ、盛衰を把握することができる」という三つの効用は大いに崇められている。だが、間接性の特性に加えて、人生観、価値観、世界観などは人によって違うので、見方が別々に掛け離れていることも常態だ。それから、間接性のみならず、歴史的条件も限られており、また、作者の人生、価値、世界という「三つの観点」も違うので、偽物を追い払い、本物を取り残すといった選別作業を必要とするのだ。

何故、「万里の行」という行為が一目置かれているのか。それは多分、「木を勝手に移植すれば、枯れてしまうはずだが、人を適当に移動させれば、却って、活力を蘇らせることができるはずだ」という古人の生活の知恵と関わりがあるからだろう。木の成長ぶりは「水と土」と絡んでいる。木の移植は簡単そうに見えるが、欠かせない「水と土」は一緒に運ばれることが不可能なことなので、木だけ移されたら、枯れてしまい、死んでしまいかねない。

これに対して、人の移動はこれまで取り囲まれてきた環境を一緒に持っていくことが必ずしも必要だとは限らない。これまで習得してきた知識、体験してきた経験などの身についているものを持っていきさえすれば良い。即ち、これまで蓄積されてきた「ソフト的なストック」を引っ越しさえすれば、それで十分なことだ。このような移動によってもたらされた変化は新たな居住地の「フロー」と一緒になっていることにある。言い換えれば、これまで歩んできた個人の足跡は、今日の現実と足し合わせたり調和したりする。

人類は元々「適者生存、優勝劣敗」という自然生存法則の産物だ。「人の移動」との行為に伴って、独りでに潜在的活力が蘇るが、それと同時に、積極的に客観的世界の外部環境に徐々に適応するわけだ。「ストック」と「フロー」を足し合わせたり、融合したりするにあたって、その両者の間で、ぶつかったり、摩擦したり、トラブルが起こったりすることも避けられ難いから、おのずと最適法案選出法に従って取捨選択を決めるわけだ。そうすることによって、「過去の歴史」と「目下の現実」との間の調和を達成させるのだ。両者が融合した後、生存環境に適応するための「最強コンビの組み合わせ」になる。

その上、そのような組み合わせは元の組織にアクティベーションを与えられて、1＋1＝2をオーバーする効果が生じるわけだ。よって、「人の移動」は人の更なる成長と発展に有利になる。それは祖先から伝わってきた生活の知恵だ。「人が移ることによって、潜在能力を蘇らせ得る」ということは「万里の行」の有効性を裏付けるための裏書きとされており、また、人の成長過程においては、「万里の行」は馬鹿にされてはいけない役割を果たしていることを裏付けている。そして、直接的知識の効用は間接的知識の効用を遥かに超えるとまで思われてもよかろう。

一回目の「万里の行」といえば、五十年ほどの前の「農村へと赴く」ということにまで遡らなければならない。それは学生から社会人へ変わる頃の出来事だった。北国を離れた後、空腹、肉体的疲労、精神的苦痛などの体験は、却ってその後の生涯の糧になっている。その経歴を一言で概括するならば、「何処かへ転勤していっても、意識的に、新しい同僚たちの頭の中にイメージが良い先入観を埋め込んでおくことは何よりも大事なことだ」と悟っている。言い換えれば、人への第一印象作りは肝要なことだ。人の記憶にとっては、第一印象が極めて深いというような生理的な特質を我々人類が持っているから、その第一印象の良し悪しはこれからの人生への評価にまで影響するのだ。それは大袈裟ではなく、一回目の「万里の行」からの体験談だ。

二回目の「万里の行」はもう三十年ほどの前のことだ。それは世間で言われている「海外へと渡航する」とのことだ。それを通じて、体外の物でさえあれば、あれもこれも奪い取られることが有り得るのに対して、頭に吸い込まれた墨汁（学校からの知識、生活からの体験などの喩え）だけ、奪い取られることが有り得ないということが分かった。「社会人から新たな社会人へ転身する」とのことは一体如何なるメリットあるいは特色を持っているのかと問われれば、物足りない自分から、やや充実した自分への転身を成し遂げることだ。その道程においては、跨る時間は長いし、「計画経済」の要素も抜かれているし、ありとあらゆることは「市場経済」の元で配置されているから、「ストック」と「フロー」との整合度合いはもっと進み、融合度合いも一層徹底し、噛み合い度合いも一段とぴったり合うことになる。

つまり、小さな個体と大きな社会との間のすり合わせのことを指している。そのすり合わせの過程は絶えずに物事を学んでいる過程であれば、内在的主観自我が外在的客観存在と付き合いながら、絶えずに自律的に調整している過程でもある。というのは、外在的客観世界を変えることができないからだ。そこで、自己を変えざるを得ないことによって、できる限り、この自分をその客観的外在に当て嵌まらせるようにする。生き残り得るかどうかは、自我改善のための努力と外在的客観世界への適応のための能力によって決められている。

生涯の中において、「この二回にわたる万里の行を抜きにしては、今日の筆者が成り立たない」とこのように位置付けても差し支えないと思う。この一回目の「万里の行」の歩んできた道程においては、北国の春の種蒔、北国の夏の灌漑、北国の秋の収穫、北国の冬の入庫、それから、帰郷の一途の風景まで、ありとあらゆるものがこの僕を育てるための養分になっている。この初の「万里の行」はその次の「万里の行」の土台ないしこれからの人生の土台になっているると言っても過言ではない。ところで、二回目の「万里の行」に如何なる評価を下せばいいか。仮に、一回目の「万里の行」がゼロを原点にしてスタートするとすれば、二回目の「万里の行」は壱を原点にしてスタートすることになるはずだ。

「無」から「有」へ進むことは「有」から「更なる有」へ進むことと質的に異なっている。前者はこれまで強調してきた創造のことを指して言う。それに対して、後者は量に量だけを付け加える増量のことだ。「馬車をいくら増やしていても、汽車になれない」という経済学者であるシュンベターの名言のように、ただ量だけ累積するなら、質的な変化をもたらすはずはない。それはともあれ、その後の道程において、その両者は手を組んでいると同時にそれぞれ異なる役を担っている。前者は陰で後者を支えていながら、無名なヒーロー役を演じているが、後者は前者から花を持たせてもらって人々の目に晒す役を演じている。勿論のこと、後者が担っている役は前者の期待に応じるための役でもある。

「三人で行を共にするとき、必ず自分にとって師にすべき者がいる」との論語によって指摘されたように、二回目の「万里の行」の道程においては、学校で教えて頂いた先生方を始め、バイト先で付き合った仲間同士、旅先で偶然知り合った旅人達、電車に乗っている途中ですれ違った乗客等まで、皆養分を注いでくれた上に、急に湧き出す発想の源にもなるかも知れない。実は、それに限らず、人のほかに、物、事、及び環境などをも含んでいる多方且つ多層において取られている「師匠のこと」こそ、古来の知恵を「万里の行」に託した先人が伝えようとする真の真諦あるいは古来の知恵だろう。これこそ、二回目の「万里の行」の道程において、得られた、使い切れない宝物ではなかろうか。

# 57　科学技術の功罪

## ⑴　スポーツとエッチ

日本での滞在中、印象深いことは何だろうかと問われれば、スポーツが「エッチ」と一体化になっていることだろうと思う。新聞にしろ、雑誌にしろ、よくスポーツの記事とエッチな内容を仲間同士として取り扱っているからだ。ひょっとすれば、そのような印象付けは政治体制の間のギャップあるいはイデオロギーの相違によるものなのかも知れない。何故この両者を一緒にするのだろうか。エッチそのものはスポーツの一種なのか。それとも、「エッチ」といったものは逞しいスポーツマンと何処かで繋がっているのか。想像が付くのは健康でさえいれば、「エッチ」ということに魅了され得る元金あるいは条件が整っているということのようだ。言い換えれば、スポーツマンのようなガッチリした身体の持ち主こそ、「エッチ」という独特の項目に契合するのではないだろうか。仮に、このように受け止めれば、この両者は一緒にされるのも無理はないようだ。

## (2) 特別な商品

市場経済の原理によると、需要がありさえすれば、遅かれ早かれ、供給のところに伝導するということだ。即ち、需要は供給を呼んでくることで、引き続いて需要に応じる開発が進むことだ。新製品ができたにしても、展示会での製品の宣伝も不可欠だ。最後の販売の段階においても、手抜きをしてはいけない。こうして、その需要と供給の両者を繋げることによって、その両者が決まったレールに沿って動いたりするように仕掛けるのは「目に見えない神の手」と見做されている市場経済だ。よって、需要といった誘因が存在する限り、例外なく「性」と関連がある産業も雨後の筍のように出てくるわけだ。例えば、アジアで、広く知られている新宿の歌舞伎町一番街は典型的ケースの一つだ。あそこは情け売る里とされている男性向けの街としてよく知られている。そのほかに、成人用品を売っている大人向けのお店も東京都の至る所で見られる。でも、今日広く知れわたっており、よく馴染まれているダッチワイフはその時まだ登場していなかったようだ。

## (3) 目に見えない神の手

しかしながら、需要が供給を呼んでくるといった市場経済の手品師の手で操られるお陰で、「適材適所」との表れのように、日本の職人はその職人気質を思う存分振るうところがあるに違いない。予想通り、今日では日本製のこのダッチワイフは既に世界中で人気を呼んでいる。

その効用にしろ、その材質にしろ、皆その分野の先頭に立っているらしい。そこで、日本のその旺盛な技術開発力が再び世界の注目の的になっている。市場シェアを確保したり、拡大したりするために、コストダウンにも力を尽くしている。その努力のお陰で、このダッチワイフは「高嶺の花」のような存在のところから、普通の人達の手が届くほどの品物になっている。

### ⑷ ダッチワイフそのもの

ダッチワイフが登場したことにより、これまで多くの人を悩ませてきたセクハラや強姦などの事件がだいぶ減っているらしい。だが、その代わりに、それは大前研一氏によって指摘されている低欲望社会の生成のための種あるいは引き金になるとは、思いも寄らなかった。ここで言う低欲望の中には、性欲のことをも含まれているはずだ。これに至っては、その成人製品が登場するのと関わりがないとは言えない。ここで、曖昧なイメージを残させないよう、ダッチワイフはどういうルートを辿って、低欲望社会の生成と繋がるのかを探ってみよう。

### ⑸ ダッチワイフと低欲望社会

そのダッチワイフは見事に生理的な欲求を満たす為の一役を買ったが、同時に、それが登場したために、「性」を生育と剝離させることによって、直ちに生育率の低下と繋がっている。ここで見逃されがちになることは、ダッチワイフが彼女あるいは彼氏に取って代わるので、

「恋愛」との感情段階を飛ばして、「性」のところに直結するようになることだ。このようにして、その感情段階を抜かしてしまううえに、その現象が行き渡るとすれば、社会に如何なる影響を及ぼすのかという研究は未だに無いに等しいようだ。だが、次のような不都合な状況は相次いだ。「性」と「生育」が剥離しているために、また、これまで、生育と養育を主な役目として担ってきた伝統的な家庭も将棋倒しのように崩れてしまうという始末になる。子育てからのプレッシャーが次第に消えた挙句、前向きに向上心と家族のための責任感も一層薄められつつある。それ故に、低欲望社会にまで陥るのもその一種の宿命として、逃れ難くなるかも知れない。

### ⑹ 低欲望社会に響いていた筋道

もう少し視野を広げて見れば、そのダッチワイフの出現のせいで、異性とコミュニケーションを行う必要性が弱くなりつつある。そのために、社会的交渉力も知らず知らずのうちに衰えていくことになる。よって、その視点から見れば、低欲望は欲望そのものの低下ではなく、コミュニケーション能力そのものの衰弱の現れだ。その連鎖反応はまるで次から次へとバトンを渡し続けられるリレー式の陸上競技運動のようなものだ。即ち、ダッチワイフの登場により、一応生理的な悩みが解決したが、その代わりに、社会的交渉力の衰弱がもたらされた。そこから続いた連鎖反応は、「性欲」を「生育」から剥がされたことになる。また続いて、家庭作りの緊迫感も薄くなりつつある。そのせいか、引き起こされたその次の連鎖反応は、子育てによるプレッシャーから解放されたお陰で、前向きの向上心にしろ、子育ての責任感にしろ、共に霧あるいは煙であるかのように、虚しいものになるということだ。

### ⑺ ダッチワイフの板挟み

それを背景に、欲望が下り坂になってしまうのも当然のことだ。よって、その最後の結果として、自ずと欲望の低下は出生率の低下といったところに帰着したのだ。以上の連鎖反応の鎖の中で、最も肝要なことは明らかにダッチワイフだ。生理上の悩みを解決するための打開策あるいは治療手段として登場するダッチワイフは確かに生理的欲求を満たすための役割を果たしているが、それと同時に、その他の併発症をも引き起こしてしまった。それ故に、ダッチワイフの良し悪しが疑われたり、追い詰められたりすることもおかしくはなかろう。それどころか、それを契機に、科学技術の賛否に関する論争が生じる可能性もある。

### ⑻ ダッチワイフの果て

実は、元々、ダッチワイフの登場は生理的な悩みに手を施すための「病に因りて薬を下す」という一般的な治療法としてであった。意外なことに、その次から次へと押し寄せてきた状況はそのダッチワイフ開発の初志の域をすっかり出てしまった。それは既にダッチワイフ開発者が手を施せる事ではなくなった。それらはもう生理上の問題に限らず、社会科学の問題とも絡んでいるからだ。それにしても、完全無欠を強いられており、ダッチワイフのことを非難されてばかりいる開発者にとっては、ちょっと不公平なことではないか。だが、不幸なことに、物事の成り行きあるいは演繹的推理の結果は「勝ったのも負けたのも蕭何が居たからだ」と受け入れるしかないのだ。

**最後の一言**

事実の如何を問わず、これは与えられた情報などを前提にして導き出した結論に過ぎない。したがって、必ずしも現実に合致しているものだとは限らない。

# 58　障害のない社会作り

## はじめに

住み心地が良い環境での生活は、誰にとっても好ましいことだ。ここで言う環境は物質で表れるものと、精神で表れるものの二つからなる広い意味での環境のことを指している。前者は比較的分かりやすいので納得してもらえることだと思う。例えば、目が不自由な方向けの歩道は、その方々にとっては障壁を取り除かれている好都合な環境だ。これは「専用歩道」という物理あるいは物質で表される住み心地の良い環境のケースだ。だが、好ましい環境と言えば、目に見える物質にのみ留まらず、目に見えない心理的な部分も同じく大切だ。ここで、目に見えないものに焦点を当てて、検討してみよう。

### (1) 日本の治安現状

毎年、夏休みと春休みに帰国することはお決まりのことだ。日本に戻る時、ついでに、日本で売っていない物を持ってくる。荷物が多すぎるので、空港の輸送機関に荷物の宅送を任せておくことが多い。翌日、家を出る時、自分で自筆したペーパーを領収の裏書きとしたつもりで、ドアに貼っておくことが一般的なことだ。夜、家に戻る時、思い通りに、荷物はちゃんとアパートの前に届いている。盗まれる心配はないのかと、きっと聞かれるだろう。その状況では、盗難される確率は宝くじに当たる確率より低そうだから、それは余計な心配だとされている。貧困は万悪の源泉だとマルクスによって指摘されたように、経済が発展するにつれて、生活が豊かになったお陰で、その源泉はずっと前から封じられたので、盗難を心配するなんていう心理的な障害は既に胸の中から徹底的に排除されてしまったことが、日本の当時の治安の良さを表している。

## ⑵ 中国の人間関係

「人を加害する考えを持ってはいけないが、被害に備える考えを持たなくてはならない」との古訓の中で、明らかに、その重点は「逆接関係」を表している「が」の後ろに置かれている。この古訓は人の心がとても読み取れないその時の社会的状況をそのまま映したものなのかも知れない。そのロジックに沿って推理していくと、この古人を取り巻く環境がいばらだらけの険しい環境だったのだろう。もし、社会のメンバーがその社会を挙げて、この古訓に従って遂行するならば、却って、この社会の運行は社会のメンバーの願いに背いて、次第に遠く掛け離れていくものになるに違いない。つまり射られた矢はまた自分を目当てにして戻るわけだ。こうして、「社会」という機械の歯車は故障を引き起こすことがしばしばあるだろう。挙げ句の果てに、社会のメンバーの誰もがその悪循環の渦に巻き込まれてしまうに違いない。そのような環境の中では、社会的ロスを被ることも、とても避けられないことだろう。こうして、個人としては、それを防ぐための肉体上の苦労や精神上の心遣いなどをしなくてはならないが、社会としても、それを治めるための社会コストを払わなくてはならない。

### (3) 日本の人間関係

ところで、日本人と付き合ったことがある人ならば、日本人は馬鹿とみなされるほど大人しいというようなイメージが残っているだろう。何故こうなるのか。当事者である双方とも、加害を防ぐ意識を念頭に入れていないからだ。警戒心を持っていないし、謀事にも長けていない。以心伝心で付き合っているから、互いに防ぎ合うのに投入するエネルギーを消耗せずに済むことになる。そのような社会環境を背景に、社会コストを払わなくても、その社会という機械はスムーズに稼働され得るのだ。このように、気楽に付き合うのは当事者である双方にとっても、何よりもラッキーなことだろう。両者を対照させれば、明らかに、後者の方が余計なコストを払わずに済む効率的な社会だろう。だが、それを支えるのは一体何なのだろうか。

### (4) 信頼関係

結論から言うと、信頼関係に基づいているということにほかならないと思う。つまり互いに信頼し合う関係を絆として結んでいるというわけだ。ある統計によると、日本において、百年の老舗は三万五千軒にも達しているそうだ。長年生き残り続けられるその老舗は明らかにその信用によるものだ。個人にしろ、企業にしろ、政府にしろ、生き残っていきたいならば、信用が不可欠なものだ。一旦互いに信頼関係ができたら、騙されることなど心配する必要がなくて済むのだ。

これまで企業間の閉鎖的取引環境として批判を浴びてきた日本式の取引慣行も、その信頼関係によるものだろう。その関係は繰り返し練り上げた末にようやくできたものなので、第三者がその取引に参入しようとしても、それは容易ではない。当事者である双方とも、これまで何度も体験していた辛い教訓を踏まえてはじめて、その取引慣行を作り上げたのだ。そのお陰で、これまでに触れたように、今まであったもう一つの心理的な障壁は取り外されるわけだ。

## (5) 立場転換の考え

何かサービスを提供するときの日本人の丁寧さ及び真剣さは「痒いところまで手が届く」との言葉によって、はっきりと浮き彫りにされている。それは一時的なことではなく、既に国民全体の骨の髄にまで浸透しているものだ。社会をなしている各領域においては、それを信仰とするかのように、お客様のことを取り扱っていれば、社会メンバーの誰もが上帝でもあるし、召使いでもある。つまり、申し分がないサービスを提供すると同時に、申し分がないサービスを受けるというふうに、その役者の転換を随時行うというわけだ。そのお陰で、相手の立場に立って、以心伝心で相手のことを扱うのも当たり前のことになる。

### (6) 良循環

結果として、こちらから出したそのサービスはまた自分のところに戻るわけだ。即ち、悪い因を植えれば、悪い果をもらい、良い因を植えれば、良い果をもらうというふうに、因果関係のそのような循環が永遠に行われる。よって、「至れり尽くせり」との行為は遅かれ早かれ自分のところに戻ることになる。表裏をなしているコインのように、召使いの裏に、上帝がいるが、上帝の裏に、召使いがいる。そう思えば、このような良循環の中に置かれている我々は、心理的なもう一つの障壁をまた外されたのではなかろうか。

### (7) 結び

以上の議論から明らかになったのは、住み心地が良い環境を営むには、物理の上での障害を取り除くことだけではなく、心理の上での障害をも取り除く必要がある。そして、前者より、後者の方がもっと大切だ。というのは、障害を取り外すことのメリットは、住み心地の良し悪しのみに止まらず、健康的な体作りにも影響するからだ。そのために、目に見えないものだからといって、無視してはならない。逆に言い表せば、心理の上での障害が取り消されさえすれば、住み心地が良い環境ができるはずだ。ともあれ、物理にしろ、心理にしろ、共に障害をなくさせるための快適な社会作りは、我々人間に共通の目標ではなかろうか。

# 59　偶然の中の偶然

このタイトルを見るだけでは、何か理屈っぽいものだろうと思われるかも知れない。実は、これから語ろうとすることは、大学を舞台にして日常的に起こっていた出来事だった。当時、日本に来て既に二年半経っていた。これ以上滞在したいなら、大学に入るしかない。なぜなら、大学生になればビザが取れるからだ。そのため、三年目に大学に入ることにした。入学した後、アジアからの留学生が９割以上も占めていることに気付いた。そして、その中で中国大陸出身の留学生が殆どだった。その次に多かったのは韓国からの留学生だった。そして、三番目は台湾であった。

最初の一年、この学校では留学生向けの特別コースが設けられていた。その講義を担当していた先生の一人は京都大学出身の方で、厳しい代わりに、とても面白い先生だった。その先生は、仕事の関係で中国大陸の南方都市に何年も住んでいたそうだ。そのためか、中国のことに詳しそうだった。その先生の授業で、今でも記憶に新しい出来事がある。ある日の授業中、留学生の一人が呼ばれた。彼は配られたプリントに書かれていることを朗読して、その後の質問に答えたら、先生から大変に褒められた。その時から、彼は留学生達の注目の的になり始めた。聞くところによると、日本に来る前、彼は宝山製鉄所の日本語通訳だったそうだ。どうりで、日本語が得意なわけだ。その時から、アマチュアである僕は「プロ」という言葉の意味を吟味しながら、プロとアマチュアの間における「月と鼈」程の違いをしみじみ痛感させられてきた。しかしながら、ひょっとすれば、その経験があるからこそ、それをバネにしてこの僕は弛まぬ努力を続け、学習の一途を辿りながら、追いかけ続けることができたのかも知れない。

彼は同級生であることに加えて、お互い上海出身なので、半年後互いに親しくするようになった。実は、二人は初対面ではなかった。八〇年代半ば頃、上海外国語大学で、一度会ったことがあった。そこでは同期生であり、卒業式の記念写真の中にも共に写っているのだ。だが、その時は話しかけなかったために、直接会話をしたことがなかった。そのせいか、日本で再会しても、見知らぬ赤の他人だと思われていた。その後、付き合っているうちに、やっと分かった。この二人のような仲をどう言い表せばいいのか。「あいにく」の中の「あいにく」なのか。それとも「偶然」の中の「偶然」なのか。

同期生でありながらも、顔を合わせて会話をしなかったといった「史実」から言うと、確かに「あいにく」の中の「あいにく」だった。だが、同期生に、同窓生が重なったといった事実から言うと、「偶然」の中の「偶然」ではなかろうか。前の「偶然」と後の「偶然」の間に、「必然」のようなものを絆として、二つの「偶然」が結びつくのか。よく考えてみれば、それがこの「日本語」ではないかと思う。「日本語」を抜きにしては、「偶然」だって起こるはずはない。逆に言えば、「日本語」さえあれば、きっと、いつか、どこかで、この二人は出逢えるという可能性があるわけだ。この考えに沿って進んでいくならば、この「日本語」は「必然」を孕んでいる母親役ではなかろうか。あるいは「日本語」それ自体は「必然」そのものなのかも知れない。

人と人との出会いは何となく不思議な力で操られているような気がする。それは民間でよく言われている妙な縁なのか。それとも振る舞われている神様の手品なのか。どっちにしろ、社会メンバーの一人である以上、互いに響き合うことはその社会属性によって決められるのだ。その意味では、自分なりの自分作りはこの自分を取り囲むあらゆる人、物、事などを頼りにしているわけだ。今日の私が成り立つのは、その諸要素が働いた結果だと言っても過言ではないだろう。

# 60　隔世型の儲かり方

ある日、日本人のパートナーの一人は、アルバイト先の宴会が始まらないうちに、休憩をとっていたついでに食事の支度に手を付けた。筆者は無意識に、食卓に残しておいたご飯にお箸を刺した。するとその途端、日本人の仲間から、ご飯にお箸を刺すのは、先祖を祀る時にやるのだと言われた。勿論のこと、そういった教養は、我々も子供の頃、親から口を酸っぱくして躾けられてきた。しかしながら、文化大革命のせいで、そういった伝統文化が次第になくされてしまいそうな気がする。

幸か不幸か、それとは対照的に、大陸から伝わってきた中華伝統文化は、却って隣国の日本でしっかりと守られているのだ。もし、我が先祖が地下でそういうことを感知され得るならば、一体喜ばれるのか、それとも悲しまれるのか。そして、史実の一つとして、過ぎ去った一千年以上の年月の流れの中で、中国からのこのような導入は多岐にわたって続けられてきた上に、その研究も確かに途絶えたことはないとされている。

数十年前、次のような醤油醸造技術の導入についての笑い話を聞いたことがある。商売の慣行ルールとして、技術の導入をする場合には、技術の利用料金が取られることになる。だが、その時商談に当たった中国側のある官僚は次のようなことを語った。元々醤油醸造技術は中国から日本に伝わったものだが、その時、対価を支払わずに済んだだろう。どうして、今日その利用料金を支払わされるのか。その官僚が語ったのは確かに疑われざる一つの史実だった。

ところで、今は契約社会だから、取引が行われる場合には、何もかも取引の双方ともが調印した契約に従わなければならなくなっている。それにしても、その官僚をなかなか納得させ得ないのだ。同じように技術の輸出入が行われているのに、何故対処が異なるのか。しかし、幾ら文句を言ったにしても、何も始まらないだろう。恐らく醤油は個別のケースではなかろう。豆腐の場合にも、例外なく技術利用料金を取られるに違いないと思う。

世界で、よく知られている商人は三種類に分けられるそうだ。それらは主として、中国、インド、イスラエルなどの商人のことを指している。そういう商人は、それぞれ特徴があるらしい。例えば、中国の商人は、足で儲けると言われている。つまり、自分の生存に最も適するところへと移っていくわけだ。一方、インドの商人は、口で儲けるということだ。恐らく、買い手を上手く説得する弁才のことを指しているのだろう。だが、それは何となく詐欺に似ているような気もする。

以上の両者に対して、イスラエルの商人の場合は、頭で儲けるという。ユダヤ人の賢さは世界中でよく知られている。商売といえば、大抵大儲けのビジネスに焦点を当てることが多いらしい。そのためか、世界で名高いユダヤ系の億万長者が数多くいるようだ。商売のコツは、恐らく独特の商才を以て、売り手市場の独占的な商業環境、あるいは買い手市場の独占的な商業環境を築き上げた上で、巧みに大儲けをするところにあるだろう。実は、中国の寧波人も商売に向いている性質を持っており、よく大儲けできるビジネスには手を付けるということだ。そのため、「小猶太」という美称を得ているのだ。

意外なことは、日本は以上のグループに入っていないということだ。しかしながら、以上の3カ国の商人と比べれば、日本は「相手の祖父からただでもらったものにちょっと手を加えたあと、またその孫に売る」といった隔世の儲け方がもっと上手いと思わないだろうか。隔世の儲け方だからこそ、盗作などを訴えられるといった厄介なことはまず無かろう。それは物質文化資産に限らず、非物質文化資産の導入も例外なく重要視されているということだ。

例えば、「空手」はもとより「唐手」から転身した物だ。だが、唐手から空手へ切り替えた後、年月が経つにつれて、その母体の影が徐々に薄くなって、結局、その母体は忘れられてしまった。こうして、知らず知らずのうちに日本の物になってしまったのだ。「盆栽」は中国人の誰にとっても、馴染みのあるものだと見做されている。それは長い歴史を持っている中国の独特の園芸の美の表れだ。だが、日本人の手を通じて欧米諸国に伝わったせいで、盆栽が中国特有の園芸の美を表現していることを、欧米人がずっと気付かないままになっている。

それは不正資金の浄化に似ている感じがする。だが、不正手段と闇通路によって不正資金が浄化されるのに対して、日本風の隔世の儲かり方は、年月の流れに任せておくのだ。仮に自分でオリジナルのものを開発するとすれば、それに費やすためのインポートを考えるだけでも、頭を抱えるだろう。まず取り上げられるのは金銭的および人的コストだ。更に開発に使われる時間的コストのことだ。それらを投入したにしても、成功するかどうかに関しては不確実なので、そのリスクのことを考えてみれば、手を出すか、それとも出さないかは当事者らを戸惑わせるのも無理はない。

ゼロからスタートすることは壱からスタートすることと比べれば、その難しさの桁は全く「月と鼈」の間の格差であるかのような物だ。金、人、時間などを念頭において、総括的に考えてみれば、その日本風の隔世型の儲け方はやはり合理的で賢明な選択ではないか。従って、もし選択肢として、誰かに選んでもらうならば、前者の3カ国の商売パターンより、後者の隔世型の商売パターンが選ばれる確率が高いに違いないと思う。

# 61　文化特徴と学習上の偏り

日本人は英会話が不得意で、特に発音が苦手だということは、外国人である我々の共通の認識になっているようだ。それはカタカナで表されている外来語のせいにすることが一般的だ。ところで、アジア人としての我々は何故英語を勉強せねばならないのか、また習得した英語を何に使うのか、という疑問をまず解決しておく必要があると思う。簡単に言えば、英語は、英国に端を発した西洋現代工業文明を学ぶための道具だとされている。その道具は使いこなされてからこそ、文明の導入に手を付けられるわけだ。

実は、英語は非物質文化資産の一つとして導入されたものだと見做しても差し支えない。だが、他のものの導入と違って、導入した者自身のものになるのに、「勉強」といった手間が掛かることだ。勉強といえば、その仕方もいろいろあるはずだ。そして、聴解、会話、読解、作文の四者のどれが重要視されるのかもまちまちだ。中国の場合には、大抵話すことに傾ける力が多いのに対して、日本の場合には、読むことに配分する時間が割合に多いらしい。

その議論をする前に、文化の特徴について触れてみよう。どこの国もそれなりの文化的特徴を持っているはずだ。中国では、「人はこの世を過ぎ去ったにしても、その名を残すべきだ」といった出世思想はずっと昔から重要視されてきている。そのおかげで、「自分から名乗り出て、一役を買わせてもらうこと」というよく知られている典故まで生まれた。その影響下で、一日も早く出世するために見せびらかすことをしたって、おかしいことではなかろう。

ところで、そうしたことは何かを勉強している過程においても影響を持つ。例えば、勉強の着目点、勉強の得意な点などのところにも、国民性の烙印を叩き込まれているらしい。視点を変えて言えば、つまり国民性がそんなところにも反映されているということだ。英語の勉強といえば、一番目立つのは言うまでもなく英会話だろう。流暢に話すことができるのならば、目上の人あるいは周りの人達に一目置かれる確率も高いので、出世する道が開くわけだ。

一人でも、流暢に英語を喋れる人がいれば、英会話に力を傾けるように拍車を掛けられることになる。即ち、文化特徴は国民性作りに手を貸しているということだ。それに次いで、どの程度勉強をするのかもまた、国民性に左右されるのだ。もし文化特徴を牽引車と例えてみれば、国民性は一輌目の車両だが、英会話が好ましいことは二輌目の車両だというようなロジック的な鎖を織りなしているのではなかろうか。

ところで、中国と対照的に、日本では「沈黙は金」を始め、それと類似した「出る杭は打たれる」とか、「口は災いの元」とかいったものは文化特徴の一つとして尊び崇められていることが一つの事実だ。もしそれらは性格の一方だとすれば、「花より団子」はそれらと表裏を成して国民性のもう一方を織りなしているのではないか。英会話が不得意だから、「沈黙は金」との文化特徴のせいにするならば、力点を「閲覧」あるいは「読解」に置くことは、「花より団子」との喩えのように、現実とより契合しているのではないだろうか。

会話と読解の両者を比較すれば、どちらが実用的だろうか。通訳を職業としている方でさえなければ、会話が幾ら上手になったにしても、使い道はあまりなかろう。これに対して、専門の翻訳者でなくても、雑誌、新聞、本、インターネットから、情報を収集するための手段として備えておくことが何よりも無難なことだろう。仕事のためだけではなく、情報の収集や知識の蓄積などのためでもある。日本のノーベル賞受賞者が数多いのも読解力の強さと関わりがないとは言えないと思う。

以上の議論は厳密なものだとは言えないが、その議論から導き出された結論をまとめてみれば、まず明らかなのは、文化特徴は国によって違うことだ。またその文化特徴はその国民性作りにそれなりの影響を与えるものだ。勿論のこと、国民性作りも文化特徴によって異なるわけだ。よって、中国は中国なりの国民性を持っているが、日本はまた日本なりの国民性を持っている。それぞれ各自のロジック的な鎖の一環として働いているが、更に、勉強ぶり、あるいは勉強の特徴も国民性によって違うのだ。当然のこととしては、文化特徴の生成も何処かの何かの源と繋がっているものだが、紙面の幅が限られているので、その議論を別紙に譲ることにしよう。

# 62　植樹と納涼

## はじめに

「過労死」という言葉は、日本に来る前に、何度も聞いたことがある。しかし、その時、その理解はその字面のみにとどまるのだった。日本に来てから、初めて、それについて徐々に理解できるようになった。実は、その時、日本における「過労」という現象は稀なことではなかった。

### (1) 日本人の働きぶり

45章で既に触れたが、わかりやすくするために、ここでその例をもう一度取り上げることにしよう。一緒に料理屋でアルバイトしていた仲間の中に、日本南方から出稼ぎに来た若者が一人いた。家族が負っている債務を返済するために、遥々東京へ出稼ぎに来たそうだ。昼は我々と一緒に料理屋で働くのだが、夜はスナックのような店で調理を担当しているということだった。そこで朝まで働くのだ。その間、自由時間は僅かな数時間しかないだろう。その後、間もなくして我々はまた料理屋で会うのだ。一週間の中で、月曜日はスナックの定休日なので、自由に使える時間は月曜日の夜だけだ。以上は彼の一週間のスケジュールだ。それは極端なケースだとはいえ、日本の会社なら、残業は日常茶飯事のようなものだ。そして、残業手当ては月に二十時間以内に抑えられているらしい。それ以上の手当てを出してくれないことは、会社の暗黙のルールになっているそうだ。

### ⑵ 日本なりの勤勉

先進国グループの労働時間についての統計によると、そのグループでは、日本人の年間労働時間は最も多いそうだ。どうりで、日本はグループ全体からよく責められる羽目になっているわけだ。それは公平な競争理念に背いているからだそうだ。その上に、過労死のケースも頻繁に現れているので、他の先進国の批判の的になっているのも当たり前のことだった。八〇年代から九〇年代にかけて、大まかな推測によると、日本の一人当たりの収入は中国の四十倍に相当するとのことだ。その時、日本の科学技術の発展ぶりは遥かに我が国のそれを超えていることが疑われ得ぬ事実だった。国内総生産の中に、商品の付加価値、あるいは頭脳労働の部分が占めている比率はずっと高いらしい。とはいえ、長時間労働も日本人の勤勉の表れのことだと頷かずにはいられない。

### ⑶ 経済の足踏みは何故か

九〇年代以降、バブル経済が弾けたせいで、経済が前へ進む動力は衰えた。それだけに、過ぎ去ったその三十年は失われた三十年だとされている。しかし、本当に失われたのだろうか。それとも、発展ぶりは狂ってしまったからこそ、経済メカニズムそれ自体の調整の必要性から、自動的に緊急ブレーキがかかったのか。もしかすると、制動機関措置に触発したおかげなのかもしれない。それで、幸いなことに、「国民経済」との船は沈まずに済むのだ。もし、放っておけば、また原点にまで戻るように、米国に責められるかも知れない。他国に追い越されることはアメリカが絶対に許さないからだ。特に日本は、アメリカに占領地とされているかのようなものだ。たとえ、アメリカが手を出さないにしても、経済がそのまま走っていけば、力を使い尽くしてしまうことで、倒れてしまうのも無理はない。

### ⑷ 総量仮説

仮に、政権毎に背負う使命は達成しないといけないものであれば、政権存続が長ければ長いほど、分母としての時間の長さも大きくなるので、年間当たりの功績が薄められるはずだ。もし、せっかちな権力者だったら、もっぱら大きなことをして手柄を立てようとすることで、将来のことを無視して目先の利益ばかり考えるはずだ。このような行動のもとで功績が目に見えるほど上がるかも知れないが、目先の国民に余計な負担を掛けるどころか、その後の世代にも被害を及ぼし、結局のところ政権の寿命が縮められてしまうことになる。そうすると、功績の総量はやはり変わらない。敢えてその差を言わせれば、異なる行動パターンによってもたらされる単位時間内における功績のボリュームの差異に過ぎない。

### (5) 古代ケース

如何なるものも総量定理の制限から免れ得ないことだろう。それは既に史実から証拠づけられていることだ。中国史上の二つの封建王朝である秦朝と隋朝を見てみよう。これらの王朝は、それぞれ十五年と三十七年の二世代しか引き継がれない政権で、慌てて皇朝の幕を閉じてしまったのだ。だが、もう一つの共通点は後世に巨大な業績を残したというところにある。秦朝は政権の寿命が十五年ほどと短かったにもかかわらず、6カ国を滅ぼした後に、二千年ほどの封建帝国制度を創り出したり、打ち立てたりした。また、史上初の統一的中央集権帝国を築き上げた上に、中央統治を強め、分封制度を廃止した上で郡県制度を創り出した。さらに、馬車のレールや書物の文字、行為の価値観も同一にし、文字や貨幣を統一するなどの巨大な功績を後世に残した。

### (6) 秦朝の例

周期律の説からすれば、たとえ、三百年もの年月を費やしたのだとしても、これほどの業績を成し遂げたことは偉大なる壮挙だと褒め讃えるに値するだろう。仮に、秦朝の遂げた巨大な業績の厚みが広義的空間だと見做してみれば、秦朝親子二人は皇朝の寿命を縮めるかのような形で、重々しい功績あるいは広々した空間を手にしたではないか。この意味で言うと、相変わらず、総量定理をもとにして、物事を運ぶことになるのではなかろうか。歳月が短いにもかかわらず、重々しい功績を以て、統治寿命の短縮といった時間の上での欠陥を補っていれば、総量はやはり変わらない。(注1)隋朝もそれと同じように、三十七年間のような短期間なのに、急いで皇朝の幕を閉じてしまったのだ。にもかかわらず、褒め称えられるに値する数多くの功績が後世に残ったのだ。

### ⑺ 隋朝の例

例えば、行政制度では、三省六部制の整備を行ったこと、人材選抜では、科挙制を設置したこと、南北経済交流を促進するための措置では、南北水上交通を通すための京杭運河を掘り出したこと、農業を促進するための措置の一つとしては、均田制を打ち出したこと、軍事改革のための措置としては、府兵制を設けたことなどが取り上げられる。政権は三十数年しか存続していなかったとはいえ、隋朝の功績はそれらに限らない。それに、その間、朝鮮へ三回も出兵したことがある。これらの功績は三百年ほどの年月にわたって成し遂げたものだとしても、大いに賞賛するに値するものだと思う。

## (8) 目に見えぬ手

結局、隋朝は、秦朝の二の舞を踏んだり、秦朝の尻馬に乗ったりすることで、早々と政権の幕を下ろす羽目になった。総量定理に立ってみれば、これは縦型サイフォン効果だと見做してもよかろう。つまり、広義的空間に皇朝政権の長さを足し添えた後の総量は変わらないというわけだ。だが、先に後世からの資源の前借り、あるいは自分自身の未来への貸越しをしたことで、皇朝の幕を早めに閉じたのだ。この両者の後に次ぐ皇朝はそれぞれ「漢朝」と「唐朝」だ。中国の悠々たる歴史の長い流れの中に、この二つの皇朝は共に、封建社会発展史上の頂点に到達したものだ。その意味では、それはその前の王朝から溢れてきた効用の現れだと受け止めてもよかろう。又は、異なる朝代を跨る「お零れ現象」あるいは「涼み現象」だと見做せばどうか。

## (9) 失った三十年の要因

話を戻そう。もし、戦後の二十数年間にわたる経済高度成長がなければ、経済バブルが弾けた後の失われた三十年がとても成り立たない筈だ。ここ数年、「失った三十年」は学者達やマスコミなどの定論になっているようだ。このような定論はＧＤＰ本位主義にも基づくものではないだろうか。このような定式化の思惟のもとでは、経済成長は社会発展のための手段ではなく、社会発展のための目的となりそうだ。しかし、失った三十年の舞台の上には、「国民安住、生活安定、秩序整然」などを保つ社会は成り立つのだろうか。数多くのノーベル賞受賞者が、失った三十年の社会から生まれてきたということは事実なのか。よって、戦後の二十数年にわたって叩き込んでおいた経済の土台があるからこそ、不可能であるかのように思われていたことは可能なことになったのではないか。流行っている目下の用語で言い表せば、人生の前半生において厳しい努力を払ったからこそ、後半生はゆとりがある生活を送ることができるというわけだ。

### ⑽ 近現代の例

イギリスの科学者であるニュートンのことは世界でよく知られていると思う。彼は物理学者でもあれば、数学者でもあった。百科事典のような万能な人だとまで思われている。我々人類のために、自然科学領域における数多くの原理、法則、定理は、彼が残したものだ。そして、これらの科学的な発見はおよそニュートンが二十六歳ほどの頃にできたそうだ。ニュートン、まるで、神様から派遣された使者のような存在で、若くしてその使命を達成した後、その生涯を終えるまでの残りの五十八年には、誇るに値する業績はなさそうだった。にもかかわらず、若い頃に挙げた業績に基づいて、英国皇族は英国皇族学会会長などの名誉職をニュートンに授与することになる。

## ⑾ ニュートンからの示唆

ニュートンの人生を二分割するとすれば、二十六歳までの前半は「植樹期」であるのに対して、八十四歳までの後半は「納涼期」となるだろう。もし、悠々と八十四歳まで働いていれば、そのぐらいの業績を手に取ることができたはずだ。総量定理を借りて言えば、若い頃挙げた成果の厚みに、月給泥棒のような後半の寿命の長さを足し合わせた後、総量にかけては、目に見えるほどの差を持っていないだろう。たとえ、差があったにしても、単位時間の上で表される差でしかないだろう。

## ⑿ 結び

勘が鋭い読者なら、ニュートンのことから、ある程度の連想を呼び起こすかも知れない。日本の場合には、高度成長中のその二十数年は、二十六歳までのニュートンと重なるが、その後失った三十年は月給泥棒のように日々を送る後半のニュートンと重なるであろう。言い換えれば、前期の高度成長期は「植樹期」だが、後期の失った三十年は「納涼期」だ。植樹は植樹のための植樹ではないが、植樹は「納涼」のための植樹だと思えばどうであろうか。よって、経済発展のモデルを三つに分ければいいと思う。まずは、猛スピードで走った後に、思う存分体を休ませることだ。二つ目は、早くも、遅くもせず、等速で運動することだ。そして最後はのんびりと過ごした後に、急ぎ足で追い付くことだ。よって、日本の所謂失った三十年のケースは、日本の国民性によって、一番目の発展モデルにするように、と決められた結果だと見做してもよかろう。

注1：個人にせよ、政権にせよ、存続過程においては、放り出されたエネルギーの総量は蠟燭の一本の長さに当たるものだと定めれば、その差は時間の長さにのみよって違うのだ。つまり、年間あたりの光の大きさの差異に過ぎないというわけだ。一言で言えば、政権寿命を示すための時間は変数だが、総量を表すための功績は定数だ。

# 63 「零から」と「壱から」

## はじめに

「刷新」と「創造」は如何に受け止めればいいのか。例えば、飛行機を四代目から五代目に切り替えるプロジェクトは「刷新」だと見做してよかろう。又、「飛行機とは何物か？」から「飛行機を作り出す」といったプロセスは「創造」だと思ってもよかろう。前者は「壱」からそれ以上のところへ向かっていくことだ。つまり、新たな技術を加えるということだ。これに対して、後者は「零」から「壱」に至ることだ。つまり、「無」から「有」に変身するということだ。それでは、我々は「刷新」と「創造」のどちらが得意なのだろうか。以下ではその両者を巡って、一体どちらが得意なのかを探ってみよう。それに限らず、自分自身への理解を一段と深められるが、それと同時に、「知己」に関する実験を行う有意義な活動でもあるのではなかろうか。

### ⑴ 商談の例

日常生活の中で、調味料である醤油はどの家庭でも毎日使われているだろう。それは60章で既に触れた例だが、次の議論を行うための下地として、もう一度取り上げることにしよう。改革政策が実施されてから間も無くのことだった。醤油醸造技術の譲渡及びその使用費用についてのことだが、それは笑い話として、扱われがちになっている。ある日、政府官員の一人は醤油醸造技術の一括についての商談にあたることになっていた。商談中、技術譲渡のことに触れたら、中国側の官員は無愛想な顔をして、「元々、醤油は我が国が発明したものだ。日本に伝わったその時、費用なんて全然払わずに済んだ。なのに、なぜ今は余計に払わなければならないのか」と反発した。確かに、その官員の言ったのは事実だ。しかし、時間も場所も過ぎ去った今日では、現代の取引のルールに従って、物事を運ばなければならなくなる。よって、その官員は堪忍袋の緒が切れたにしても、怒っただけでは、何も始まらない。

### ⑵「得意」の源泉

そういったことは笑い話として済ませることが多い。しかし、よく考えてみれば、枚挙に暇がないぐらい、そういったケースは多いらしい。例えば、お箸は我が祖先が発明したものだ。又、豆腐も我が祖先が発明したものだ。それに、最も国民全体から広く知られている火薬、羅針盤、製紙術、印刷術など、古代四大発明はみんな古人の知恵から生まれたものだ。だが、それにしても、それらに次ぐべき延長線がなかなか見られない。零から壱に変化させることが専ら我々の仕事のようなことだが、それ以後のことは我々にとっては他人事になっているようだ。

そして、壱からのことは隣国である日本に任せておくかのようだ。

### ⑶ 完美追求の欠如の要因

読者の皆様は多分次のような疑いを抱いているだろう。「壱」から伸ばし続けるべき延長線は殆ど見られないのだろうか。この「壱」ができたから、「一度の苦労だけで、ずっと楽ができる」と思い込んでいるのか。それから、「壱」のお零れを吸い尽くすのか。ひょっとすると、それは新たな「ニート」人類なのかも知れない。時間軸からすれば、今日に置かれている私は今まで積み立ててきたストックとしての私の昨日を飲み込んでいるというわけだ。我々は意識していないが、密かに我々の身体のどこかに潜んでいる欠陥なのかも知れない。即ち、我々の胸の奥には、完美を追い求める気質が欠乏しているということだ。よって、「発明」が得意な気質を血液の中に備えているとはいえ、「刷新」が得意な気質が血液の中に欠けているだけに、我々の発明は完全、完美といった姿勢で人の前に示し難いことが現状だ。

### ⑷ 粘り強さの欠如からのロス

深く考えてみれば、恐ろしいことだろう。完美を追求し続ける気質が我々には欠けているからこそ、我々の発明の上に、東洋人は何の違和感もなく、彼等の「刷新」元素を付け加えてしまったのだ。例えば、豆腐にしろ、醤油にしろ、何の抵抗もなく我々の台所に潜り込んでいる。

又、「刷新」といった気質が欠けているからこそ、我々の発明の上に、西洋人も、堂々として、彼等の「刷新」元素を付け加えてしまったのだ。更に甚だしいことに、鉄鋼船に鉄砲を加えることで、首都の門を突き破ったり、長躯が切り込んだりする。至る所で、家を焼き払い、人を殺し、金品を略奪して、悪事の限りを尽くした。

### (5) 中日両国の血液型の対照

学校で健康診断を受けたある日、日本人の学生達に、A型血液を持っている人が特に多いことに気が付いた。また、つい最近、インターネットで検索をして確認をした。日本人は、A型血液を持っている人口が一番多いそうだ。中日両国における血液型を比較すると、次のようになるようだ。

中国の場合には、A型：28%、B型：24%、O型：41%、AB型：7%。
日本の場合には、A型：38・1%、B型：21・8%、O型：30・7%、AB型：9・4%。

### (6) 生理上の要因

こうして、日本人の中に、A型血液を持っている人が占める比率は一番高いとインターネットで再び確認された。これに対して、中国人の中に、O型血液を持っている人が占める比率は一番高いとも確認された。周知のように、A型血液の持ち主は如何なる物事に手を付けてみても、用心に用心を重ねる性質だとされているが、一旦手をつけたら、でき上がらない限り、手を抜くことは絶対しない粘り強い人間だとされている。

それだけに、「壱」から無限大へと向かって走っていくというようなスタミナのお陰で、百年以上の老舗は、つい最近オープンしたばかりの店舗が軒を連ねる街にも見ることができる。それどころか、唐の時代（西暦578年）から発足した老舗すら、たまに町で窺えるのだ。A型血液と対照的に、O型血液を持っている人は度胸があるにもかかわらず、その代わりに、そそっかしい。

よって、「刷新」に偏っている日本人の国民性は血液型からもその証しとして根拠付けられると言ってもよかろう。あるいは「血液型」と「国民性」の両者は、互いに証拠付け合うと言えるだろう。中国の場合も同じことが言えるはずだ。O型血液の持ち主が多いから、「刷新」精神が欠乏している現状については、血液型から生理的に根拠付けられるのだ。

## (7) 文化上の要因

当然のこととして、「刷新」要素の欠如をもたらしている要因がその他にもあるわけだ。風俗習慣を始め、伝統文化を抜きにしては、気質づくりのことは語れない。

①日本の例

例えば、「沈黙は金」という諺で表されるように、日本ではずっと昔から「口数より行動力」を尊んできた習わしがある。要するに、口の代わりに、手足で勝負するというふうに、口数の少なさを行動で埋めるということだ。また、「出る杭は打たれる」という諺によって喩えられるように、「沈黙は金」を尊んでいるといった深く根差している風土文化が再び浮き彫りにされている。

その上、「石の上にも三年」という諺で示されるように、一層「口数より行動力」が重要視されているのみならず、更に「行動上の持続性あるいは精神上の忍耐力」に重きを置いていることを表している。つまり、弛まぬ努力を払いさえすれば、遅かれ早かれ目標を達成させることができるというような、辛抱強さを重要視しているわけだ。

②中国の例

これに対して、いつも甘い汁を吸おうと考えていること、あるいは投機のような心理が働いているお陰で、カーブオーバーラン（カーブでの追い越し）ということが中国の人達から好まれているらしい。しかし、本当に、ある段階を飛ばした進み方が成り立っているのか。仮にできるとすれば、小学校、中学校などの基礎教育が存在する意義は、一体どこにあるのか。最優先の選択肢としては、どの家庭も迷わずに基礎段階を飛ばして、子供を直接大学へと送り込むことにすればいいではないか。

長年の苦労を掛けて勉学に励んでいるといった「蛍雪の功」は、美人と金品を狙うために過ぎないようだ。何となくロジックが通らなさそうだ。「勉学」は何故急に「美人と金品」と繋がっているのか。何処となく、どこかの段階を飛ばされているような気がする。これもまたカーブで追い越すことになるのか。理屈で言うなら、「勉学」は「応用」あるいは「実践」を通してから、はじめて「美人と金品」あるいは「故郷に錦を飾る」ということに繋がるわけだ。「実践」段階を飛ばしていたら、何も語れない筈だ。

だが、無理なことだと知っていても、「勉学」は生きている限り、一生の使命だというようなコツを抜かれているようだが、「甘い汁」を餌として、勉学は身分をひっくり返すための手段だということだけを勉学者に伝授することがあまりにも本末転倒であり、功利的である。織交じった雑多な糸をよく梳かしてみれば、目下流行っている「カーブでの追い越し」との説の源はこんなところにあるということが分かる。

## ⑻ 結び

議論はここまで進んでくると、「気質づくり」は生理と文化の相互作用の結果だということが分かる。そうだとすれば、自己改造あるいは自己改善を通して、そういった生まれつきの欠陥を補い得るのか。そのボトルネックを打開するための手がかりとして、少なくとも、次のような選択肢が挙げられると思う。一つは、遺伝子組み換えプロジェクトのことだ。もう一つは、生育政策を作成する場合には、A型血液の持ち主に片寄る優遇措置を取ることだ。三つ目は生まれつきの欠陥を補完することを教育に託しておくことだ。

特に幼い頃から、家庭教育を通して、「刷新」理念を子供の意識に織り込んでおくというふうに、改造、改善といった膨大なプロジェクトを日常生活の中に推し進めていけば、半分の労力で倍の成果をあげることができる。前の両者は生理の上と政策の上で行われている作業だとすれば、三番目は心理の上で行われている作業だと思ってもよかろう。心理の上における作業は家庭を始め、学校、社会などの密着な協力と弛まぬ努力を必要とするわけだ。このプロセスは本来の気質を練り上げる過程でもあるし、新たな気質を築き上げる過程でもある。

# 64　刺身文化の影響力の外延

## はじめに

日本料理といえば、外国人としての我々がまず頭の中に浮かび上がるのは刺身だろう。「刺身」は和食の中の「鶏群の一鶴」のような存在だと言ってもいいぐらいだ。確かに、「刺身」については、ずっと前から聞いたことがあった。とはいえ、「百聞は一見に如かず」との諺のように、やはり体験したことがない限り、頭の中に思い描いたことは真実と遥かに乖離することもしばしばある。

### (1) 「刺身」を食べる体験

日本に来てから、やっと、次のようなことが分かった。「刺身」は魚類のほかに、大型草食動物もよく「刺身」の食材とされている。例えば、牛刺し、馬刺しなどが取り上げられる。それに、貝類も「刺身」の食材としてよく使われるのだ。「刺身」を語ると、薬味としてのワサビのことも忘れてはならない。何よりも、忘れ難いある器官への刺激たっぷりのあの感覚だ。

### (2) 独特な調味料

ワサビを食べると、あたかもマッサージでツボを押されたように、一瞬にして鼻腔から頭のてっぺんまで、涙腺が強烈な衝撃を受け、涙腺の弁を開かれたかのように、思わず涙が流れてきてしまう。それにしても、その独特の辛さを乗り越えられた後、あっさりしたあの気持ち良さを満喫することができる人間でさえあれば、美食家らしい美食家だと称され得るのだ。

特に、ワサビをたっぷりと付けた大根の千切りを一口食べたその瞬間を、想像するだけでも、涙が出てしまうだろう。それでも、独特な辛さに、最高な楽しみだと讃嘆せずにはいられない。ところで、「刺身」を食べるコツは一体何だろうか。一言で言うと、素材の味に、新鮮さだ。食材のそのままの味を保つように、調味料を少なくすることだ。また、生のまま、食べるので、新鮮さを保つのも必要なことだ。

### (3) 「観念」の生成

そのためか、年月が経つにつれて、「刺身」を巡っている「刺身」なりの所謂「食文化」の枠が徐々に築き上げられてきたわけだ。特に、コツとしての「素材の味と新鮮さ」に凝っている職人気質が育成されてきたことのおかげで、刺身と関連があるその観念も生成したわけだ。観念の生成と同じように、その定着も遥かな道程の一途を辿ってきたのだ。即ち、数えきれないほどの体験と洗練を経ているからこそ、「定着」といった実を結ぶことになるだろう。

即ち、実践と生活を繰り返してから、やっと出来上がったものだ。当然のこととして、食文化作りは茶道文化と似ているように、接客礼儀、器などの入れ物芸術なども含められるものだ。だが、紙面の幅が限られているために、本章では、それらはさておき、食材にのみ焦点を当てることにしよう。

## (4)「素材の味」接ぎ木の例

だが、一旦その観念が定着したら、自分そのものに留まらず、先入観、あるいは手本として、関連する物事へとも響いていくわけだ。即ち、所謂観念のスピルオーバー効果だろう。例えば、調理の種類は雑多だが、刺身から生まれてきた「素材の味」との観念から受けた影響なので、炒め物、揚げ物より、煮物、蒸物の方が日本人から好まれているらしい。読者の皆様はコンビニなどで「おでん」といった煮物を味わったことがあるだろうと思う。

その観念の一つとしての素材の味を貫いていくために、調味料ができる限り控えているらしい。その代わりに、「煮＋込む」との複合動詞によって表される通りに、調理時間を長くすることによって、調味料の少なさを補完することになる。即ち、時間を通して、有数の調味料を煮物の中に滲みるようにするわけだ。なんと懐かしい場面だろう。刺身作りのコツの一つである「素材の味」は、そのままおでん作りに移植されたり、接ぎ木されたりするような感じがしないだろうか。

### ⑸「新鮮さ」接ぎ木の例

食料品は勿論のこと、ファッション、工業製品などのモデルチェンジも頻繁に行われている。ひょっとすると、そういった現象は「刺身作り」に必要な「新鮮さ」から、知らず知らずのうちに、感化された結果なのかも知れない。それは人間の年齢に対する認識にまで響いていくらしい。例えば、女性の年齢については、二十五歳を境にして、域内は「子」とされているが、域外は「婆」とされている。ここの境は賞味期限と似たり寄ったりするものではないか。

年と共に、生理機能が衰えることは誰もが免れられない自然法則だ。男性にしろ、女性にしろ、性別と関係がない人生の盛衰は必然的な成り行きだ。にもかかわらず、男性が注目されがちになるのは、裏にある金銭と兌換できそうな学歴や実力などだが、女性が注目されがちになるのは表にある異性の目を引き付けられそうな若さや色っぽさなどだ。年齢を重ねるにつれて、見た目も歳を取ることも自然の成り行きだ。それにしても、売りは性別によって違うので、男性と比べれば、「青春」といった「賞味期限」は女性の方が一段と際立つ筈だ。

## ⑹ 反哺

この節では、次のようなことにちょっと触れてみよう。「烏に反哺の孝あり」との諺のように、接ぎ木された対象にも報いられるというふうに、良循環を生み出すことはあり得るのか。仮にあり得るとすれば、これまで、孵化器の役を演じてきたかのような「刺身」も食文化の一種として一層繁栄するようになるに違いない。仮にそうならないとすれば、継続的取引関係ではなく、一方通行のようなものに過ぎない。よって、この仮説は文字通りに仮説にとどまるだけで済ませるしかないのだ。まして、手元には、そういった証しとしての実例が一つもないからだ。

## ⑺ 結び

議論がここまで進んできたら、明らかになるのは、まず、「観念」の接ぎ木されるプロセスのことだ。即ち、「先入観」あるいは「手本」を土台にしているからこそ、「惰性思考」が生成できることになるわけだ。その上に、その自然の成り行きとされると言ってもいいぐらい、知らず知らずのうちに、感化されて、移植されたことになるといったプロセスの一途を辿ってくるのだ。

その次に、ある文化が生成した後の影響力の足跡はそれ自体にとどまらず、その周りへと蔓延していこうとするに違いないということだ。手本とされている参照物があるおかげで、却って、その観念はよりスムーズに転用、あるいは移植される。よって、「刺身」だからといって、刺身にのみ焦点を絞るわけにはいかない。というのは、おでんの例も、また女の子の例も「刺身文化」の外延式の実例でもあるが、それと同時に、この上ない「刺身文化」のスピルオーバー効果の表れの証しでもあるからだ。

最後に、仮説として、「反哺」のことをあえて取り上げるが、事情調査の欠如、または資料収集不足であり、揺るぎない証しはなかなか手に入らないので、結果としては仮説は文字通りに仮説でしかない。とはいえ、非常に有意義な事なので、行き詰まることがあるにしても、探っていくに値する。ともあれ、いずれは、例の反哺の現象を見せてくれると確信するのだ。よって、その検討は別紙に譲ることとしよう。

# 65　個人と集団

## はじめに

留学生にとって、就労の選択肢といえば、大抵の場合、バイトしかないようだ。だが、バイトといっても、お店に直接雇われる場合と、派遣会社を通して雇われる場合の二つがある。中国から来た留学生にとっては、前者のことは比較的理解しやすいが、後者のことは珍紛漢紛な話なのかもしれない。当時は、大陸には、そのような雇用形態がなかったからだ。

### (1) 会社の運営様式

正直に言えば、最初は、こうした会社はどうやって運営されているかを疑っていた。誰もが身分証明書などの資料を提出して登録されさえすれば、その会社の会員の一員になれるからだ。だが、会員と会社との間のコミュニケーションについては、電話を頼りにすることが一般的だ。学生ならば、学校へ通学する隙間を見て、都合の良い時間帯に、電話一本で会社から仕事をもらうというようなパターンだ。

### ⑵ 会社運営の実例

例えば、今晩、京王ホテルで結婚披露宴が催される予約が入っているとすれば、調理場のほかに、結婚式会場、洗い場などでの働き手が派遣会社によって調達されることになる。会員らは、皆派遣会社の指示に従って、指定場所に集合すればいい。皆パートナーだと称されるにしても、初対面であることは稀なことではない。このような団体は、どのように協力して仕事するのか？

### ⑶ 運営難点のその一

まず気になるのは会員と顧客との間に交わし合うやり取りのことだ。でも、実は、そんなことは気にしなくてもいい。「顧客身分の如何を問わず、客を神様として、丁寧にもてなす」との理念が日常生活から徐々に日本人の心の奥に深く据えられているからだ。サービスのことによく慣れていない上に、その内訳も殆ど分からないにもかかわらず、顧客へ提供するサービスは至れり尽くせりの至極にまで力を尽くすに違いない。

### ⑷ 運営難点のその二

ところで、このような運営のもとで、一番気になるのは個人と集団との間の繋がりだ。会員は皆臨時で集まるので、個人と個人との間の揉み合い、又は個人と集団との間の揉み合いが起こりがちなのも当然のことだ。それから、集団行動ならば、誰がリーダーとして舵を取るか。

よって、なんとなく、運行の道のりの一途に、難関は至る所に横たわっているというような感じがする。

### ⑸ 運営順調の要因のその一

しかしながら、会社の発足から歩んできた道のりの一途に、厄介ないざこざを起こされることは、一度もなさそうだった。それは、何故だろうか。よく考えてみれば、日本の独特の教育と関わりがないとは言えない。日本の義務教育の段階においては、個人を奨励するための項目は設置されていないそうだ。むしろ、集団の利益が何よりも重要視されているようだ。それのみならず、「人に迷惑を掛けないように」と子供の頃から躾けられてきたお陰で、揉み合いが免れられるわけだ。

### ⑹ 運営順調の要因のその二

また、義務教育の段階において仕掛けられる奨励制度のお陰で、個人と集団との間に、何の障害もなく、会員は自ら、集団の一員として業務を運行するわけだ。それに、一時的な集まりだからこそ、皆、リーダーは誰がやっても平気だという心持ちでいることが普通だ。そのためか、現場の仕事は何の妨げにもならずに順序立てて進んでいくことになる。そのお陰で、想定される個人との間の揉め事、嫉妬心によるリーダーとの間の揉め事、及び集団内部におけるトラブルなどは滅多に見られない。

## (7) 結び

議論はここまで進んできたら、意外なことに、あり得ないと思っていたことがまさに現実になっているということだ。まず、文化土壌の養分を吸い込むことによって、知らず知らずのうちに、「顧客至上理念」の根は国民全体の心の奥にまで張られていることになる。また「人に迷惑を掛けないように」という家庭教育を受けたおかげで、人との間の揉め事を見事に免れられることになる。更に、義務教育段階において仕組まれた措置のお陰で、集団のことを大事にする「集団意識」も個々人の骨の髄に織り込まれているのだ。

例の3点セットは、一人前の社会人として備えておかなければならない教養だと見做してもよかろうか。そういった教養はまるでパソコン出荷前に設置しておいたデフォルト値、あるいは初期値のようなものだ。それらを備えておかなければ、パソコン操作はうまく行きそうもない。また、社会人としても、そういった教養を身に付けておかないと、社会とのコミュニケーションもスムーズに行われなくなる。それでは、ここで、外国人としての我々にとって、念頭において考えなければならないことは、一体何だろうか。また、どんな課題が残されているのだろうか。

# 66　キャラクター本位主義

## ⑴「日本製」の由来

「日本製」は製品の品質を裏付けるためのパスポートのようなものになっている。だが、その「日本製」を支えるものは一体何だろうか。今まで世論では誘導されてきたかのように、「職人気質」ということにのみ注目が集められてきた。世論がこういうところのみに止まるならば、何となくこのロジックの何処かの何かが抜け落ちているような感じがする。そう言われれば、たぶん「職人気質」の裏に何か潜んでいるだろう。では、「職人気質」を生んだのは一体何だろうか。

## ⑵ 芝居式の人生

次のような場面は、バイト先で、よく見られる風景だ。日本人のスタッフの誰もが、目上の誰かに呼ばれれば、必ず急ぎ足でその人のもとへ向かうことになる。「日本人は演技がお上手ですよねー」と、その時、留学生の中の誰かが、無意識のうちに言ってしまった。この場面は、つい最近、オンラインで見た映像とたまたま重なっている。ゴルフ場で、トランプ元大統領と伴にしていた安倍元総理が倒れた後、さらにぐるっと一回り転んでしまった映像だった。

### ⑶ 芝居式の人生の実例

その後、これについて、あるテレビ番組の主催者から、聞かれるに当たって、安倍総理も弁解するように、次のことを語った。国家の利益を最大化にするために、個人の尊厳と栄辱の如何を気にするなんて、けしからん。弁解かどうかはともかくとして、その話は、安倍晋三のその時の本当の心境を表しているのだと思う。ゴルフ場での出来事は、「総理」との役柄に合わせる役目を果たしているだけだと思われているためなのかもしれない。一旦「役柄」の像が崩れたら、「切腹」という自殺にまで走るといった内容は、よくドラマで題材として使われている。

### ⑷ 「職人気質」の実態

その時、見せてくれた体裁の悪い手振り足振りは演技だというよりも、寧ろ「総理」というポストあるいはその役柄に合わせる振る舞いだと言った方が適切だ。「芝居は人生のようなものだが、人生もまた芝居のようなものだ」という中国の諺のように、我々は「社会」を一つの巨大な舞台にして演技を披露することになる。担っている役はそれなりの役目を務めなければならない。狭い意味での「職人気質」は職人のことだけ指して言うが、広い意味での「職人気質」はあらゆる領域で働いている全ての人に当て嵌まるものだ。

## ⑸ 広義的な「職人気質」

つまり自分の就いている職業を尊ぶことは前提条件だというわけだ。従事している事業に、プライドを持ちさえすれば、社会から与えられた各々の役柄を大切にするのも当たり前のことだ。その気持ちあるいはその姿勢があるからこそ、そこから、「職人気質」が上手く育成されるわけだ。まるで母子の間の関係のように、「職人気質」が孕まれていると同時に、「母親に対する孝行の心持ち」は息子の役柄の技を磨き上げながら、その至極を目当てに追い求め続け、更に充実されることになる。

## ⑹「職人気質」の源

ここまでの議論は複雑で入り交じっており、読者の皆様の目をくらませてしまうかもしれない。そのため、よく分かりやすくするために、その雑然としている糸口を解いてみよう。まず、社会から与えられた役柄への忠誠心に関することである。日本人は、まるで敬虔なキリスト教徒のように、その忠誠心を元にして、誠心誠意その仕事に身を捧げる。ここで、役柄へ忠誠心を示すことを「キャラクター本位主義」と受け止めればどうか。というのは、それがあるからこそ、「職人気質」というものが生まれるからだ。

## (7)「キャラクター本位主義」の登場

また、「キャラクター本位主義」を孕むのは誰だろうか。一言で言うと、「男は主として外だが、女は主として内だ」といった伝統文化ではなかろうか。社会の役柄がこのように二分されたおかげで、年月が経つにつれて、仕事は専ら男達の特許、あるいは亭主達の唯一の生き甲斐になりそうだ。そのためか、人々の心の中における仕事の位置づけが徐々に引き上げられることによって、仕事は無意識のうちに、神聖性の揺るぎない聖物になっている。仕事と一体化した役柄が尊ばれることも当たり前のことだ。従って、それを背景に、「キャラクター本位主義」の登場も自然の成り行きになっているのではなかろうか。

# 67　共産主義はいずれ訪れてくるだろう

## ⑴　日本社会の福祉現状

日本の土地を踏んでから、はじめて「保険」との言葉を耳にした。即ち、国民健康保険のことだ。留学生の身分としての筆者はその時、年に保険料金を三百円納めればよかったのだ。医者に診てもらう場合には、その保険に加入したおかげで、医療費用の7割もカバーしてもらえるのだ。また、学校は何処かの特別のルートを通して残りの3割の一部分を本人の代わりに払ってくれることになっていた。そのため、本人による負担は僅かでしかなかった。日本は資本主義なのに、その福祉はそんなに充実しているとは思いも寄らなかった。それだけに限らず、地域間の格差や、企業内の平社員と重役との間の格差なども割合に小さいらしい。それは、日本の方が社会主義らしいと慨嘆せずにはいられなくなる人すらいるぐらいだ。率直に言わせてもらえれば、筆者も同感だった。

## ⑵　北欧諸国の福祉現状

ところで、マルクス主義の提唱している共産主義が具現化されるならば、最終的な結果としては、精神にしろ、物質にしろ、社会のメンバーはそれぞれ自分の持っている能力の全てを捧げさえすれば結構だが、それと同時に、社会のメンバーの誰もが各々の必要な物を必要なだけ取ることになる。それこそ、マルクスの思い描いた社会主義高級段階だ。その段階においては、人々の思想の境界が高いのみならず、社会の物質も充分に豊かになっているのだ。つまり、精神と物質は両方とも、全社会の全員の要請を満たせるというわけだ。意外なことに、福祉国家と呼ばれている北欧諸国は、既にマルクス主義の提唱している理想共産主義社会の理想状態に近づいている。

### ⑶ ライバルへの取り扱い方

資本主義に関連する先入観は、人々の間に広く定着している。即ち、「腐敗した上に、没落した」という性質を決める資本主義についての定性のことだ。それ故に、資本主義から、積極的に何か学ぼうとする意欲が湧き出すどころか、却ってその一切を蹴っ飛ばすように一層拍車が掛けられるのだ。その上に、社会主義制度は人類史上最善の社会制度だと自賛しているために、資本主義のことを拒否するのも無理はないと想像することもできる。これに対して、資本主義の方が、イデオロギーの如何を問わず、民主主義にせよ、社会主義にせよ、国民の管理あるいは国家の統治に有利なものでさえあれば、取り入れる一方だ。

## ⑷ 社・資の行方

そのお陰で、資本主義が没落するどころか、ライバルとしての社会主義を超越する勢いで、発展を成し遂げた。それと対照的に、これまで、制度上優勢を保っていると自賛してきたソビエトの方が崩壊してしまう羽目に陥った。世界を驚かせたこの事件は世界中に影響を与えている。ところが、旧ソ連が崩壊したからといって、共産主義の理論が疑われるわけにはいかないと思う。仮に、旧ソ連も同じように資本主義の長所を絶えずに取り入れることができれば、決して崩壊することはなかったはずだ。

それでは、その仮定を前提にして、その行方は一体どうなっていくのだろうか。相変わらず「共産主義社会」という既定の目標へと推し進められるのだろうと思う。敏感な読者ならば、そのライバル同士の両者は、出発点が違うが、そのプロセスの途中から、徐々に接近していく兆しを示すのだと気付いたかも知れない。

## ⑸ 両者の相違点

以上の議論を整理してみれば、表1で示されているように、両者の最も大きな相違点は出発点にある。社会主義の理論は共産主義を目指して行動を採ることだが、これに対して、資本主義は資本その本質に沿って、運行していくことだ。とは言え、資本主義の場合には、市場の欠陥あるいは破綻を金融、財政、福祉などの政策をもって是正していくわけだ。また、社会主義の場合には、激励のための手段としては、精神に重きを置くのだが、資本主義の場合には、物質に重きを置くのだ。つまり、精神より、物質の方が頼りになるというわけだ。

また、発展方向の調整のための手段としては、社会主義は五カ年計画によるものだが、資本主義は選挙によるものだ。前者は政策作成の当事者の知恵によるものだが、後者は多少選民の意志によって牛耳られがちになるものだ。前者は政策作成者達の理性を頼りにするために、割合に「長期性」という特性を持っているものだ。これに対して、後者は選挙のために選民の機嫌を取りがちになるので、割合に感性的且つ短期的な特性を持っているものだ。

## (6) 良し悪しの比較

以上の議論から、次のようなことが明らかになっている。

**表1　ライバル同士の両者の比較**

| 明細＼制度 | 社会主義 | 資本主義 |
|---|---|---|
| 方向 | 明確 | 不明確 |
| 経済 | 計画 | 市場 |
| 発展 | 計画立て | 微調整 |
| 奨励 | 精神 | 物質 |
| 結果 | 同一 | 同一 |

まず、目標をはっきりと掲げるのは社会主義の方だ。そして、その目標に向かって行く途中、道に迷うという事態を避けることが可能だ。ただし、何もかも一括にすることは不可能なことだ。よって、歩きながら微調整するというふうに取り扱うのは、「浅い所から深い所へと進んでいく」といった物事への認識論にもあっている。この点については、資本主義の方が割合に優位にありそうだ。

また、激励のための手段といえば、マズローの欲求段階説によって指摘されているように、人間の第一欲求はやはり生理的欲求だ。それ故に、激励効果も大きい。物質による激励といったら、俗っぽいと思われがちだが、物質を抜きにしたら、精神の立つ土台もなくなるので、初級段階を飛ばして、いきなり高級段階に登ることは無理だろう。

上述したことを踏まえてみれば、一概にどっちが悪いとは言えない。それぞれが優勢を持っている。もしかすると、ライバル同士の間で、競争を行う場合には、全人類にとっては、逆に福音をもたらされ得るかも知れない。お互いにライバルから学び合うことによって、方法にしろ、道にしろ、徐々に接近することになるのではなかろうか。

そのプロセスにおいては、両者は補完しあったり、混ざり合ったり、中和しあったりするようになる。結局、道が異なるとはいえ、結果は同じだ。敢えてその相違点を言わせれば、ゴールに辿り着くことは時間上の前後のことに過ぎない。従って、共産主義が遅かれ早かれ訪れてくるだろうと、筆者は固く信じている。それは人類全体にとってめでたいことであるし、「地球」という惑星にとってもめでたいことである。こうなったからこそ、新型コロナウイルス等の自然災害によってもたらされる人類破滅と、エイリアンの侵入によってもたらされる人類破滅から免れることがあり得るではないだろうか。

# 68　心理の上での「襖」

### ⑴「襖」とは

日本住宅の特徴といえば、頭の中に浮かび上がるのはまず畳だろう。だが、もう一つ見逃されがちな特徴は襖だと思う。襖があるからこそ、部屋の大きさの調整が自由自在になるし、個々人の自由空間も確保することができる。この襖は二つの働きを持っている。まず、同じ屋根の下で暮らしている肉親でありながらも、誰もが内緒にすることが多かれ少なかれある筈だが、そのプライバシーを守るということが一つ目の働きだ。反対に、もう一つの働きとしては、一時的に分割した空間を、襖を開くことで再び一体化させることだ。

### ⑵「襖」の働き

その襖のおかげで、「分」と「合」の両状態における切り替えが自由自在になる。一つの屋根の下で家族が揃って暮らしているために、和に富んだ雰囲気のもとで団欒を楽しんでいるといった人に知られないメカニズムが「家庭」というミニ宇宙において密かに働いている。この「襖作り」といった文化現象はその根を一体何処の土壌に張り込んでおり、何を養分にして吸い込んでいるのかと聞かれると、それは長年にわたる生活の知恵によるものだという曖昧な回答が殆どだろう。しかし、その答えは、一体、是なのか、それとも、非なのか、又は、似て非なるのか。

### ⑶ 伝統的な躾

ところで、「以心伝心」という言葉は誰もが知っているだろう。即ち、相手の立場に立って物事を考えることだ。お互いにそういうふうに物事を考えるならば、一種の求心力が働いているかのように結束力を強められるために、調和的な人間関係の締結と繋がることが自然の成り行きだ。これに対して、もし自己を中心にして物事を運んでいけば、必ず遠心力を生んでくることで、バラバラと散らばってしまう羽目に陥るはずだ。また、もう一つ、それと似ているのは、幼い頃から受けてきた「人に迷惑を掛けないように」という躾だ。そういった教養が積まれたことのおかげで、喧嘩や紛争などの不愉快なことが知らず知らずのうちに日常生活からその姿を消すことになる。

### ⑷ 教養の働き

もし、「相手の立場に立って物事を考える」というようなコミュニティにおけるこの付き合い方がドアフレームだとすれば、「己の欲せざるところは人に施すなかれ」は戸や窓に貼り付けられる貼り紙のようなものだ。両者が手を組んだり、組み立てられたりしたら、「襖」と似たような働きをするのではなかろうか。この「襖」ができたことのおかげで、目に見えないとはいえ、的確に心理的な空間を作り出すことができるのだ。心理の上でできた空間はそれほど広くないが、それが存在することによって、お互いに、プライバシーを守られ得る上に、コミュニケーションが行われる際の潜在的な摩擦を避けることも可能になる。もし、前節の「襖」は目に見える物理的なものだと見做せば、ここの「襖」は目に見えない心理的な「襖」ではないだろうか。

### (5) 心理的な領地

物理的なものにしろ、心理的なものにしろ、その役割は似たり、寄ったりしたものだろう。即ち、ゆとりのある自由自在になれる空間を作ることによって、トラブルを起こさせないということだ。物理的な空間も、心理的な空間も、まるで、城の周囲をめぐらせた堀のような存在なので、自分の心にある個々の城を守るための役割を果たしているが、究極の目的は「和作り」にあるだろう。しかし、個々人あるいは家庭においてだけで捉えるならば、大した「和」ではないかも知れないが、広い視野で見れば、それは地域レベルあるいは国家レベルの巨大な「和」ではないだろうか。

## ⑹「和」の歴史的な足跡

縦に遡ってみれば、「和」は知られないうちにずっと昔から密かに働いてきた足跡に見える。例えば、現代の日常生活の中に、揉み合いが起きることはそれほど多くないし、他の隣国と比較すれば、日本の史上では、農民蜂起、軍閥紛争などの「内乱」が割合に少ない。それはその「和」が働いていたことのおかげではないだろうか。ここで、ふと思い付くことは昔から奈良県にあった日本の旧国名「倭」のことだ。その後、元明天皇によって、「倭」に通じる「和」に「大」の字を付けられたので、「大和」はその時の、新しい国名であり、日本民族の名の由来にもなるわけだ。

## ⑺奇妙な出会い

その意味では、「大和」という名は、文字通り名実とも程良く合ったというようなことを表していると同時に、「大きな和を呈示している調和的な質」を有しているといった、日本の特有の特質を表しているのだろう。よって、筆者は、「まさか」と、賛嘆せざるを得なくなる。

# 69　素質と教養

## ⑴ 精神と物質

友達の中に、店で案内役を務めていた友達が一人いる。仕事の関係で、付き合っている客が雑多なので、国籍の如何を問わず、老若男女選り取り見取りだと言ってもいいぐらいだ。友達の話では、アジア系の国同士ならば、礼儀作法にかけては、やはり日本人がトップの座を占めているということだ。勿論のこと、それはその時、日本が置かれたアジア唯一の先進国の地位であることと切っても切れない関係があるからだろう。漢時代の司馬遷が指摘したように、「倉廩実ちて礼節を知り衣食足りて栄辱を知る」とのこともその要因の一つだろうが、それにしても、物質を豊かにすることは必ずしも精神の向上と直ちに繋がるわけではない。もしかすると、それは精神の動きが物質の足を引っ張るかのようなヒステリシス現象のせいなのかも知れない。

## ⑵ 素質への評価のための尺度

素質とは生まれつき賦与されたものであれば、教育によって躾けられたものでもある。だが、民間人がよく口にする素質はおおよそ教養と密接な関わりがあるものだろう。教養とは文化的な知識によって養われた品位のことを指して言う。功利的に考えてみれば、社会規則にしっかりと従う所謂良民のことだろう。これに対して、マス・メディアによって言及されている素質は大抵、社会的価値を生み出すための紙面の知識及び生存のための技能などのことを指して言う。なんとなくその両者の間の乖離が大きいというような気がする。何しろ、道徳、マナーなどと密接な関わりがあるものだと思う。よって、マス・メディアより、民間人の方が却って現実に割合に近いようだ。学歴の如何を問わず、素質の良し悪しへの評価は社会的マナーを遵守することができるか否かによって決められることが一般的な認識だろう。

## ⑶ 人格構築の位置づけ

ところで、何よりも肝要なことは、マナーをしっかりと守ってくれる国民をどうやって養うのかといった教育である。教育の役割を大まかに言うと、人格構築と知識伝授の二つに分けられる。一言に教育といっても、後者のその効果は数量で測れるから、後者にのみ気を取られがちになったり、焦点を絞りがちになったり、あるいは後者に偏ったりすることが多い。だが、前者の効果は見えるほどでもないとはいえ、時によっては、後者は前者に牛耳られたり、操られたりすることも有り得ることだ。例えば、携帯電話は通信にも使うことができるが、詐欺にも使うことができる。つまるところ、人格構築の良し悪しは知識の使い道の行方を決めるというわけだ。

### ⑷ 人格構築のメリット

人類の生理特徴から見れば、人格を構築するには、幼ければ幼いほど、その効果は著しい。「三つ子の魂百まで」との中国の諺のように、子供の幼児段階においては、人格形成にしろ、志向作りにしろ、生理上からすれば、半分の労力で倍の成果をあげるといった効用が挙げられる。そして、幼い頃は、白い紙のように、先入観として、慣性思惟になりやすいので、性格形成、人柄構築などが一旦完了したら、瞬く間に定着するようになる。即ち、トレーニングにトレーニングを重ねた結果、身に付けられたのは、後天的でありながらも、一種の本能のようになり得る。

### ⑸ 後天性的な本能のケース

例えば、エスカレーターや、駅のプラットホームなどで、「降りる方が優先です」との看板を目にした途端に、身体は本能的に「退ける」とか「譲る」などの行為を以て、応対することになる。そういう本能はまるで、パソコンが市場に出回る前に仕込まれていた内装的基本設置のようなものだ。それがあるからこそ、パソコンのその基本的作業はスムーズに行われ得るのだ。人格構築プロジェクトからできているその後天的な本能も同じことが言えるだろう。このように、多岐にわたる教育措置を通して、国民全体の振る舞いが規範化されていれば、社会的ロスを招く確率が必ず減っていくことになる。そのお陰で、社会秩序の維持のための人手、社会メンバーの管理のためのコストが大幅に削減されるわけだ。

### ⑹ 人格の定型作業の特徴

個々人を工業製品に例えてみれば、そういった教育措置が整備されているおかげで、「良品作り」としての土台がしっかりと叩き込まれているのだ。そのメリットは上述した「三つ子の魂百まで」によって指摘された通りに、人格形成のプロセスを経るといった定型作業のお陰で、再び歪められるなんて、不可能なことだと思ってもよい。それだけに、先進国の中においても、日本は盗難、詐欺、強姦などの犯罪率が低いことで、生活安全指数が高い。そして、社会管理のために費やされる金銭や、人手などの総コストが低くなるわけだ。幸福の内訳の一つとしての安全が確保されることで、国民の幸福指数が上がるというわけだ。

### ⑺ 締め括り

以上の議論をまとめてみれば、次のようなことが明らかになる。その土台作りは手抜きをしたら、知識を授けたにしても、悪用される可能性がないとは言えない。よって、所詮、知識はあくまで道具の一つに過ぎず、知識や技能などの使い道は「人格作り」という教養プロジェクトによって決められるわけだ。

ともあれ、教養は何処か仕掛けられる外力のようなものであるのに対して、修養は自律的に自分自身から生み出される自覚のようなものだ。よって、人生の道のりにおいて、絶えずにその自分を磨き続けるための修養は一生の使命だと言ってもよかろう。素質は教養によって生み出された結果のものだと見做されてもいいが、素質はまた修養の具現化によるものだと見做されてもよかろう。

# 70　教育が重要視されるロジック

## はじめに

教育が重要視される一般的な理由については、二つ取り上げられる。一つは、「家庭の狙いを教育に託して、子弟を出世させようとする」という家族の期待に基づく家庭側の理由である。もう一つは、「教育に託して、国民の総合的な素質を向上させようとする」という国家戦略に基づく国家側の理由だ。仮に人間を「資源」とすれば、どうなるのか。その裏にあるロジックは一体何だろうか。

### (1)　資源別の相違点

教育のことに触れる前に、先に、工業原料としての鉱山資源とエネルギー資源、及び労働力としての人的資源を取り上げることにしよう。前者はその埋蔵量がいくら多くても、時間の推移に伴って減っていく性質だ。したがって、いずれは失われてしまう。そのせいか、その産業は衰弱し、衰亡の運命から逃れることはできない。そして、その生産量がピークであるにしても、経済の景気度合いに影響されがちだ。

## (2) 大口商品の足取り

周知のように、エネルギーとしての石油、石炭、工業原料としての鉄鉱などの大口商品の価格は世界経済の景気度合いから大きな影響を受けることが多い。鉱山を開掘したり、経営したりしている鉱山の持ち主達は、大抵競合関係で結ばれている状態に置かれているので、そういった人間の間に、当たり前のこととして、競争が激しいことが常態だ。それ故に、結束したにしても、その結束力が比較的弱いことは当然だ。彼らのその結束を固くすることができない限り、売り手市場を作ることが不可能だ。よって、収入の確保は至難の業になっている。そのせいか、ベネズエラ、チリ、ブラジルなどの南アメリカ諸国はその収入が長年足踏みする状態に置かれており、中所得トラップからなかなか抜けられないことが実状だ。

## (3) 人的資源の優位性

これに対して、人的資源の場合、前者と正反対で、特に職業技能の厳しい訓練や、良好な教育を受けたことがある場合には、それらの労働者は表1で示されているように、需要弾力性が小さくて、所謂硬直需要に近くなっているので、他の資源のそれと比べれば、割合に売り手市場を成しやすい。勿論、景気度合いと多少関わりがあるとはいえ、硬直需要のその特性のおかげで、収入に対する不景気からの皺寄せが少ないわけだ。

### ⑷ 人的資源の特徴

他の資源は時間の推移とともに、なくなるはずだが、これに対して、人的資源はなくなるどころか、却って繁栄する一方だ。その上、世代間において、表1で示されているように、累積されたり、継承されたりすることもあり得る。そうした要因は教育に重きを置く世界諸国の共通の主要な原因になっていると言えるだろう。そのために、そういった総合的な要因こそ、教育が重要視されるその裏に潜んでいるロジックだと受け止めてもよかろう。

### ⑸ その他の要因

だが、見逃してはならない文化的な要因がある。日本をはじめ、アジアNIES諸国は共に儒教文化圏に置かれている。その文化圏にある国々は教育を重視している悠久たる歴史的な伝統を持っているお陰で、政策作りは教育に偏ることも自然の成り行き

**表1　人的資源と他の資源の比較**

| 資源別 / 項目別 | 人的資源 | 他の資源 |
|---|---|---|
| 投入周期 | 長 | 短 |
| 使用期限 | 長 | 短 |
| 景気影響 | 小 | 大 |
| 需要弾力性 | 小（硬直性） | 大 |
| 売り手市場 | 強 | 弱 |
| 将来性 | 逓増する一方 | 逓減する一方 |
| その他 | 儒教文化 | キリスト教 |

だ。そのほかに、もう一つ時代的な要因も疎外されるべきではない。例えば、先端技術領域において、激烈な競争が行われている今日では、国同士の競争の趣は資本集約から技術集約へと切り替えるように拍車が掛けられるのだ。そのために、競争の究極の目標は人材の確保にあるわけだ。

## (6) 日本それ自体の要因

周知のように、日本は自然資源が乏しい島国だ。明治維新以来、その打開策として、国民教育に重きを置いてきた。ところで、資源としての人間は二つの特徴を持っている。一つ目は、その付加価値の大きさが教育の如何によるものであり、二つ目は、その付加価値の大きさは一般的に教育を受ける年数とともに逓増していくことだ。アジア地域においては、日本はいち早く義務教育を実施した。戦後、日本は一層教育を重要視していたお陰で、産業のグレードアップがスムーズに行われ、その結果長期高度成長を成し遂げた。それを背景に、六〇年代の終わり頃、米国に次ぐ経済大国になった。結論から言うと、鉱山開発に重きを置いてきた南アメリカ諸国より、日本の推し進めてきた人的資源への絶えざるインポート国策の方がずっと賢明だと言えるだろう。

### ⑺ 結び

議論はここまで進められてきて、次のようなマクロ的な要因とミクロ的な要因が明らかになった。文化的な要因、時代的な要因、地理的な要因は三つとも前者に帰属するべきだが、これに対して、他の資源より、人的資源の方が多岐にわたって優れているといった要因は後者に帰属するべきだ。例えば、人的資源が他の資源に唯一劣るのは、投資周期が長いことだ。とはいえ、需要弾力性にしろ、使用期限にしろ、景気影響にしろ、どれも、人的資源の方がずっと優れている。それらこそ、人的資源へと資金を投じ続けるように仕掛けられる動機あるいは動因になっている。つまり、そういった動因こそ、教育を重要視する姿勢を後押しする力である。

# 71　外来文化の取り扱い方について

## (1) はじめに

帰国した当初、太極拳を修得するのに、八万人もの観客を収容できる上海体育センターへよく行った。ある日、太極拳を稽古していた子方の一人は、親方から弟子達の前でデモンストレーションするようにと、言い付けられた。そのデモンストレーションは思いの外によくできたので、親方に大いに誉められただけでなく、他の子方達からは指をくわえるほど羨ましがられた。だが、意外なことに、その子方は日本からの留学生で、中国のチャンバラが好きなので、よく体育センターへ稽古しに来るということだった。それを見た筆者は思わず、日本滞在中のことを思い出したのだ。

## (2) 外弟子

日本での滞在期間、欧米に倣っているアジア諸国の中で、「日本は『優等生』だと欧米諸国からよく讃えられている」という話はよく耳にしていた。それも日本人の自慢話として誇っているということだ。「優等生」といえば、実は、欧米への学習に限らず、明治維新以前、中国に倣っていた周辺地域の国々と比べれば、日本が挙げた成績も極めて目立っていたらしい。物真似あるいは手習いと言えば、日本は外弟子でありながらも、我々のような内弟子よりも優れていることが印象深いことだ。

### (3) 選択方法のあれこれ

ある学者の研究によると、選択のための尺度としては、日本の場合には、中国と対照的に、優劣によるものではなくて、新旧によるものなのだそうだ。即ち、優劣を選別する際には、優先順位の尺度ではなくて、新しいものを優先的に取り入れるのだ。前者を尺度とする選択方法は物事の本質を見抜く目を必要とする。さもないと、良質的な物は悪質的な物に追い払われる確率が高くなってしまう。これに対して、後者は優劣の選択に費やす人力と時間を無駄にせず、その時間的前後関係に従いさえすれば良い。

### (4) 新旧説の実例

近代に入って以来、日本は徐々に中国ではなく西洋に目を向けるようになったり、あるいは農耕文明から工業文明に移行したりする「脱亜入欧」戦略を取ることになる。皮肉なことに、その選択も相変わらず「朱に近づけば赤くなり、墨に近づけば黒くなる」という中国の古人の知恵によるものではないだろうか。このケースは「新旧説」の典型的な実例だろう。時間順序からすれば、中国の農耕文明の後に次ぐ西洋の工業文明は新しい物事だと受け止められるからだ。だが、それは「優等生」と繫がる証しだと言えば、何となく無理矢理なことだろうか。「新」は必ずしも「優」と繫がるものだとは限らないから、その理由はより深い別所にあるのではなかろうか。

### (5) 文明観

西洋にしろ、東洋にしろ、今まで積み重ねられてきたあらゆる文明は全人類所有の文明だと受け止めるべきだろう。そう思ってもらえるならば、何かを取り入れる際、原産地のラベルにも、イデオロギーの如何にも拘る必要性はなくなるはずだ。つまり、見くびったり、驕ったりするなんてことは外来文化の導入の妨げになるというわけだ。前もって、それらを覚悟しておけば、その結果としては、自分のお国のためになるのではなかろうか。要するに、自分そのものに見合うかどうかを念頭に置いておきさえすればいい。幸いなことに、歴史的遺産の重みを背負っていない日本は却って古代にしろ、近現代にしろ、目を逸らさずに、既定のレールに乗って進んできたお陰で、大いに発展を成し遂げることができたのだ。

### (6) 価値観

国家の利益を先にするのか、それとも統治者集団の利益を先にするのか。どちらを選択するかで、優先順位は全く異なる。『海国図志』（魏源）の「夷の長技を師として以て夷を制す」によって指摘されているように、目指すのは「夷を制す」ということだ。「長技」を手段として、「夷を制す」ことができさえすればよい。「長技」は誰のものか、何処から来るものかは、その効用あるいは働きの妨げになるはずはない。ところが、『海国図志』はその原産地である中国から無視されていたが、隣国である日本には却って取り入れられ、明治維新のための変革を推進することになる。その変革を契機にして、日本は近代化の道を歩み出したことになる。

## (7) 結び

ここまでの議論をまとめてみれば、次のようなことが明らかになる。外来文化を取り入れる時の姿勢は文明観によって随分違う。よって、「文明観作り」は何よりも大事なことだと言っても過言ではなかろう。つまり、これまで歪められてしまった文明観を修正してからこそ、取り入れようとする舶来品をより客観的に選別した上で、理性的に外来文化を取り扱えるというわけだ。それにしても、科学技術などの目に見えるハードウェア的な実力より、特に、法律制度などの目に見えないソフトウェア的な実力のほうがより導入されるに値するのだ。

また、外来文化を導入する際には、価値観は目的や使い道だけでなく、評価の尺度にも影響しているわけだ。『海国図志』に対する中日両国の全く異なった取り扱い方は、価値観の異なっていることを顕著に表すケースだ。もっと視野を広げてみれば、日本は外来文化を倣う「優等生」だというよりも、むしろ「導入主義」が得意だと言った方がより適切だろう。だが、幸か不幸か、その結果としては、中日両国の間に、十九世紀の終わり頃から、農耕文明と工業文明の間の隔たりが大きく開いてしまったあげく、文明の世代間の格差が見る見るうちに生み出され、東アジア地域における歴史的な舵取り手が交替するという状況にまでなってしまったのだ。

# 72 「清潔好き」の裏にある文化の影

## (1) はじめに

中国国民は隣国の日本に対して、感情的には羨んでいる上に、妬みや、恨みなどが入り交じった複雑な気持ちを抱いているかも知れないが、日本の国土を踏んで、現場の状況をこの目で見てはじめて、理性的には頷かざるを得なくなった。特に日本へ旅行しに行ったことがある人であれば、整然と保たれている秩序や、清潔な環境は共に印象的だろう。そういった状況を生み出している国民性は、どうやって育成されてきたのか。幸いなことに、それについては、既にある学者に次のように纏められたのだ。

## (2) 「清潔好き」作りの諸要因

まず、湿っぽい気候のお陰で、空中に漂っている埃が減っていること。また、温泉が至る所にあるので、入浴しやすいこと。更に、川の流れが急なので、環境が汚染されにくくなること。そのほかに、肉体の浄化は霊魂の浄化の前提だといった日本の本土宗教である神道の主張にも影響されているので、入浴風習の育成を手助けすることになること。最後に、国民衛生を重要視している大衆向けの教育からも、大きな影響を受けていること。ひょっとすると、その学者に指摘されているように、そういった諸要因の総合的働きがあるからこそ、日本は世界中で「清潔好き」とのラベルを貼り付けられたのかも知れない。とはいえ、何となくここでは言及されていない要因が他にもあるような気がする。

### (3)「片付ける」の実例

ところで、日本でバイトをした経験の中で、一番印象的なことは何かと聞かれると、「片付ける」ということがその答えに相応しいと思う。初めてのバイトはガードマンだった。夜間作業なので、仕事の終了は大抵夜明け寸前だ。もうすぐ学生やサラリーマンなどの通学・通勤時間なので、その前に片付けをしておかなければならないのが一般的だ。エンジニアは証拠として何処まで工事をしたかをフィルムに収めておいたり、工事を担当している現場作業員達は、工事が中途半端になったにしても、昼間に、歩行者の通行の邪魔にならないように、アスファルトをきちんと路面に敷いておいたりする。単なる「片付ける」ことはそんなにややこしいのかと驚かされた。

### (4) 意味ありげな「清潔」

外国人としての我々の目で見た「片付ける」ということだけでも、日本人の当事者はそれを既に仕事の一部分と見做しているので、手抜きは絶対にしない。ところで、環境を綺麗にするように、埃を払ったり、塵を取り除いたりすることは浅い階層にある狭義的な「清潔」だとすれば、秩序を整然にするように、物をあるべきところにしまったりすることは深い階層にある意味ありげな「清潔」だと見做されてもよかろう。ひょっとすると、前者と比べれば、後者はより達成し難いことなのかも知れない。⑶で取り上げられた例からすれば、「片付ける」は見た目には簡単だが、その内訳は想像するよりややこしいので、まるで小型プロジェクトのようなものだ。そこで、きっとその「片付ける」との習わしはいつ何処から生まれてきたのかと聞こうとする読者もいるだろう。

### ⑸「片付ける」習わし作りの要因

日本の住宅の特徴として、68章で「畳」と「襖」をそれぞれ取り上げたが、もう一つの特徴として「押し入れ」について考えることにしよう。日本式の住宅は狭いとはいえ、その「押し入れ」があるおかげで、朝起きてから、敷き布団と掛け布団を押し入れにしまっておけば、部屋は直ちに整然と別様の天地に変身する。夜出しては朝仕舞い、朝仕舞っては夜出すというふうにすれば、「片付ける」との日常茶飯事のような行為は知らず知らずのうちに一種の慣わしになってしまうはずだ。その意味では、「片付ける」という習わしは日常生活で繰り返し行っているが故に、定着することになったわけだ。よって、その習わしの裏には、民俗文化の影が潜んでいると思われても差し支えないだろう。

## ⑹ 結び

議論をここまで押し進めてきたら、次のようなことが明らかになっているだろう。旅行で短期間滞在する方は埃を払ったり、ゴミを取ったりするといった表層的な綺麗さに目を注ぎがちになるが、「片付ける」という習わしと繋がっているもっと深い階層にある綺麗さを見逃してはならない。浅い階層にしろ、深い階層にしろ、その両者を出し合わせるからこそ、広義的な清潔を成しているわけだ。実は、日本が世界中に貼り付けた印象的な「清潔好き」というラベルは、その広義的な清潔によるものだろうと思う。

又、如何なる風習も、共に地理、気候などの諸要因が総合的に働いてきた結果の表れである。そして、それと同時に、そういった風習は生活の知恵が長期的に試練を受けた末に結ばれた結晶の表れでもある。そのほかに、民俗文化の参入を抜きにしては、例の風習はとても成り立たない。異なっていることは、そういった諸要因がロジックの鎖の中の位置の差に過ぎないだろう。だが、他の国に参考にしてもらったり、導入されたりするためには、教育を施すことによって、国民の骨の髄に環境保全のための意識を意図的に織り込んでおくことが必要だろうと思う。

# 73　中日両国における親子関係の異同

## (1) はじめに

「三つの不孝のことの中に、後継者がいないことは真っ先に矢面に立つことだとされている」といった「孝行文化」は過ぎ去った数千年にわたって代々と継がれてきた。子供を作れないことはこの上ない「不孝」のことだとされている以上、「子供作り」は親あるいは家族に対して背負っている義務または使命のことだと見做されてもよかろう。そうだとすれば、「義務」に対応する「権利」は一体何だろうか。義務の代わりに、報いとして、両親に子供の面倒を見てもらうといった一種の権利を家族から授与されているようだ。その話は口に出してはいないが、潜在意識にこっそりと潜んでいるようだ。

## (2) 孝行文化

そう思えば、理屈が通っているようだ。「孝行文化」を端にして、成されているロジック鎖が顕著に表れているではないだろうか。つまり、「三つの不孝のことの中に、後継者がいないことは真っ先に矢面に立つことだとされている」といった「孝行文化」は祖父達を苦しめるための張本人としての役を演じているというわけだ。このような「孝行文化」との堡塁が崩れない限り、孫達の世話からの苦情に、幾ら文句を言っていても、何も始まらないことだろう。

### ⑶ 日本の親子関係

ところで、同じく儒教文化圏に置かれている隣国である日本はどうなっているのか。ある日の帰り道、たまたま指導教官に会ったら、「コーヒーでも飲もうか」と誘われた。そして、喫茶店で、コーヒーを飲みながら、研究のことをはじめ、いろいろと話し合った。コーヒーのカフェインのせいで、話が盛り上がっている最中、失礼だとは思いながらも、ついお子さんのことを聞いてしまった。しかし、先生は、全然気にしている様子ではなかった。それどころか、お孫さんのことまで語ってくれた。

お子さんは結婚をした後、間もなく世田谷区に引っ越したそうだ。通勤時間を縮められるためであるらしい。お孫さんはもう幼稚園に通っているそうだ。「何故お孫さんを自分のところへ呼んでこないのか」と聞いたら、「それはわしがするべきことではない。息子には、息子なりの生活があるが、わしには、わしなりの生活がある。くっついていたら、いざこざが引き起こされないはずはない」と言っていた。

そう言えばそうだ。距離感があるからこそ、「美」が生まれるわけだ。肉親であるだけに、社会人としての礼儀作法などは考えもせず、元々遠慮するべきことを遠慮せずにやってしまうことが多い。それ故に、不愉快なことが引き起こされかねない。そして、肉親関係なので、普通の人間関係より、お互いに受けた傷も遥かに大きくなるはずだ。よって、利口な選択肢としては、空間を置いて冷静に遠く眺める方が却ってお互いに傷を付け合いやすい肉親感情に牛耳られないだろう。

### ⑷ 親子関係のあり方

### ⑸ 独立性作り

実は、親への依存症を直したり、一刻も早く親から独立させたりするためのプロジェクトは既に幼稚園からスタートすることになっている。メディアで取り上げられていたように、学齢前の教育のお陰で、日本の子供は健康的な体格作りだけでなく、自己管理のための独立性もよく育てられているのだ。それだけにとどまらず、大学に入ってからも、バイトをしながら、大学生活を営んでいる人が少なくないらしい。

幼稚園の頃、親達が願うことは生活の上での子供の独り立ちだが、大学時代、学生本人が目指すのは経済の上での独り立ちだ。それにしても、前者は受身的な独立のことだが、後者は自己意識的な独立のことだ。生活の上にしろ、経済の上にしろ、またその他の何かを加えてからこそ、完全且つ完璧に独り立ちした一人前の社会人になるわけだ。その意味では、この実例からすれば、「独立性作り」は一挙にして出来上がることではないことが分かる。

## (6) 結び

ところで、明治維新以来、日本は「脱亜入欧」との国策を挙げながら、徐々に西洋から導入された舶来品が、不都合だと思われている物事に取って代わっていった。つまり、長年にわたって、「ゼロに帰する」との脱亜プロジェクトはずっと密かに行われているわけだ。勿論、単なる「ゼロに帰する」ことではなく、適用かどうかと、判断を下してからの「ゼロに帰する」ということだ。例の「独立性作り」のケースは「脱亜入欧」という巨大なプロジェクトの中の氷山の一角に過ぎない。

筆者は、日本で、十数年もの滞在をしてはいたが、我々の南方地域においては、まだよく使われている「数え年」の用語は日本で一度も耳にしたことはない。それらと対照的に、孔子の《論語》や孫子の《兵法》などの中国文化の真髄部分は依然として日本人に興味深く語られていることも事実だ。それは「適者生存」との法則が闇で働いているからではないだろうか。そのような取捨選択の例から、我々にとっては、一体、如何なる示唆を得られるのか。

# 74　老人の方々に優しい社会作りについて

高齢化が進んでいる今日では、社会にしろ、家庭にしろ、老人のことを如何に取り扱うのかは人間性及び知恵に対する試練のための試金石だと言ってもよかろう。だが、今のところ、その問題は深刻化に限らず、蔓延化しつつある。つまり、高齢化は、少数の国に留まらず、数多くの国へと広がっていく勢いで、蔓延の一途を辿っているようだ。よって、それを話題にするのはそれなりに意味があると思う。以下では、中日両国における老人の取り扱い方の相違点に焦点を絞って、話を進めてみよう。

日本の昔話では、生産能力が低下したりしたことで、生計を立てることすらできなくなる老人は、衰弱しつつある年齢にまで至ったら、子孫に粗大ゴミのように扱われ、山の奥に捨てられてしまうとのことだ。しかし、息子が帰り道に迷わないように、山へ行く途中、その老人は息子のために、木々に矢印をつけてやる。その時に、「親は何の役にも立たないのではなく、その体力が衰えていく一方だとはいえ、長年にわたって累積されてきたその生活の知恵は却って栄えている」と、息子が気付く。そして、また、親を背負って家に戻る。

ところで、中国の場合には、ずっと昔から「育児による老後備え」という説があった。つまり、「子供を育てること」の対価として、「老後の世話をしてもらう」というわけだ。まるでカラスの親子関係のように、「親の恩に報いる」との反哺行為だ。しかしながら、「子供を育てる」ことは必ずしも「老後の世話をしてもらう」ことと繋がるとは限らない。それで「孝行論理」が登場することになった。その論理にまた世論を足したことは、道徳拉致のような役を演じているかのように、見事に「老後の世話をしてもらう」との反哺行為を現実化させ得るのではなかろうか。

中国にしろ、日本にしろ、「老後の世話をしてもらう」といった目的は共に達成されるものの、その道筋あるいはその手段は違う。日本の場合には、老人それ自体の知恵を頼りにするのだ。取引に参入するのは相変わらず単純な売買双方に限っている。その標的は「知恵」と「世話」の両者だ。これに対して、中国の場合には、「孝行論理」を頼りにするのだ。だが、売買双方に限らず、論理と世論も取引に参入することになっている。ここの論理と世論は売買の絆であれば、取引をスムーズに行うための監督でもある。

要するに、「老後の世話をしてもらう」という目的を達成する保障手段として、それぞれ「孝行論理」と「老人の知恵」を頼りにすることが明らかになっている。取引関係の安定性から見れば、どちらが穏やかだろうか。村をミニ社会にしていた昔なら、確かに、「孝行論理」は監督役として、よく働いてきた。しかし、都市化が進んでいる今日では、人間関係の繋がる絆が緩められつつあるため、「孝行論理」を貫徹しようとするのは至難の業だ。それを背景に、「老後の世話」と関わりがある養老保険などの制度を完備させるように強いられている。

これに対して、日本の場合には、「老人の知恵」が徹底的に搾取されているかのようだ。つまり、老人達はその知恵を絞らせられるように、就労期を65歳まで延ばされてしまったということだ。極端な例だとはいえ、甚だしいことに、70歳を超えたにしても、家族のために、相変わらず気を張って頑張っているケースも見られることだ。これから、高齢者が社会全員に占めるシェアが高まるに従って、その窮状は一層酷くなるに違いない。

こうして、社会に搾取される羽目に陥った日本の老人とは対照的に、中国の場合には、老人達は元々ゆとりがある定年後の日々を送るはずだったものを、現実的な生活においては、世話をされているどころか、孫達の面倒を見るために、忙しい毎日にも追われている。よって、その両者の比較を踏まえて、「どんぐりの背比べ」と評価を下さざるを得ない。その例から得られる示唆は何だろうか。今後、老後の生活を如何にして豊かにするのか。老人達に優しい社会を如何にして築き上げるのかというような課題に向き合わなければならないだろう。

# 75　罪悪感の欠如

『菊と刀』の著者の論説によると、アメリカ人が持っているのは罪悪感であるのに対して、日本人が持っているのは恥の意識だそうだ。米国の場合には、罪悪感を背負っているからこそ、その自然の成り行きで、懺悔したり、罪を償ったりする必要性が生まれるわけだ。これに対して、日本の場合には、恥を重く背負っているのは栄誉をあまりにも重視しているからだ。そのせいか、栄誉に恥を被らせないように、自殺で生涯を閉じるところまで心が追い詰められることもしばしばある。それでは、日本においては、罪悪感は何故欠如したのか。

栄誉が重要視されるのは伝統的な武士文化のほかに、忠君思想も大いに働いているからだ。日本ではかつて、武道がたっとび崇められており、武士達は命よりそのプライドを大切にしていた。よって、恥を掻くことは、絶対に許せないことだった。また、それに忠君思想を合わせることによって、例の恥の意識に形づけられただろう。その上、近年、よく話題にされている集団意識も見逃してはいけない。

個人としては、それぞれ所属している集団から疎外される恐れがある不安症のせいか、集団に所属していたいという思いが一層募ることになっている。よって、そこから、集団の栄誉感も一緒になっているわけだ。その栄誉感があるからこそ、自然の成り行きで、集団に対する忠誠心、また集団における責任感も相次いで出てくる。集団意識と言えば、実は、中国人もそういった意識を持っている。とはいえ、それほど強くない。

中国の場合には、集団意識より、個人意識の方が強い。個人意識が重要視されていることは自由風潮を尊び崇められている時代に合っている。とはいえ、一旦、度を超えたら、「災いは福のよりどころ、福は災いの隠れ家。禍福は糾える縄のごとし」という諺のように、デメリットも付き物だ。個人の自由はあまりにも強調されすぎたら、集団のような組織としては、求心力が弱まっていくに違いない。そのために、集団の結束にとっては、必ずしも好都合だとは限らない。

これに対して、日本の場合には、自由より、団結の方が重要視されているようだ。当然のこととして、集団意識が強ければ、組織結束も固くなるはずだ。だが、集団に所属をしていたいという意識は、個人の存在感の弱化をもたらすに違いない。その上に、集団の責任感、集団の栄誉感が働いているが故に、集団のためならば、何もかもやってしまう傾向があるに違いない。

その責任感、栄誉感のもとで、やってしまった物事は、善悪を問わず、その集団のためになるか否かのみに目が向けられる。

つまり、集団が重要視されている社会的風土のもとで、個人意志は空っぽに引き抜かれそうになるということだ。それ故に、価値判断の尺度は集団にいいかどうか、集団に恥を掻かせるかどうか、集団に叛くかどうかというところにある。その文化風土を背景にして、「罪」の意識が価値判断をする際の判断材料になることはあり得ない。よって、罪悪感が発育不良になっているというよりも、罪悪感が芽生える機会を与えられていないといった方が適切だ。集団への帰属感は集団に対する一種の債務のようなものになっているが、それと同時に、集団の一員になろうとする強い志向を持っているだけに、人質として一生でも集団によって束縛されているかのような宿命から逃れ難いのだ。

九〇年のあの夏、里帰りするついでに、買い物の天国と呼ばれている香港に寄った。一緒に行った友達がゴールドの飾り物を何本も買ったので、傍に立っている私は羨ましい目で見ているうちに、遂に、思い切って、それに手を出してしまった。何の使い道もなくても、お守りとすればいいではないかと思ったからだ。その買い物の体験をきっかけに、日本人が腕や指に嵌めたり、首や耳に掛けたりしたアクセサリーに気を配るようになった。

ところで、そういったことに気を払ったら、日本人には、ゴールドより、プラチナの方が割合に好まれているらしいと気づいた。中国の場合、ネックレス、ブレスレット、イヤリング、指輪などは共に飾り物だと見做されているが、中国人の目からすれば、それだけでなく、お守りや、富のシンボルともされている。よって、プラチナより、鮮やかさの目立ったゴールドの方が好まれるのも当然だろう。

だが、中国とは正反対に、見た目には、素朴に見える目立たないプラチナの方が却って日本人に人気があるらしい。勿論のこと、好き嫌いや毀誉褒貶は人によって違うが、もしかすると、それらは審美眼によるものではないだろうかと思う人もいるかも知れない。審美眼といえば、それもやはり国によって違っているものだが、それでは、そういう審美眼を支えているものは一体何だろうか。

ずっと昔から中国人は高姿勢で物事を扱っている傾向を持っているようだ。よって、目を引くほど美しく輝くゴールドの方が、割合に中国人の物事の扱い方に相応しいものではないだろうか。人口と比べれば、資源が割合に乏しいので、一旦、資源占有の優位に置かれていると、自己顕示をするのも無理はないだろう。つまり「鶏群の一鶴」であるかのような優勢に立っているからだというわけだ。

日本の場合には、却って「見栄っ張り」にならないよう遠慮することで、中国と対照的に、低姿勢で物事を扱う傾向があるらしい。自己顕示欲が弱いというよりも、むしろ、陰で弛まぬ努力を払うことに馴染んでいるといった方が良いのではないだろうか。もしかすると、それは「出る杭は打たれる」といった風習から深い影響を受けているためなのかも知れない。

になるのは、日常生活を美化するためのそういったアクセサリーの中に潜んでいる男女差別のことだ。中国の場合には、性別の如何を問わず、男女ともよく使っているが、日本の場合には、アクセサリーはまるで女性専用のものになっているようだ。これに対して、男性はアクセサリーをつけたり、嵌めたりすることが稀なことのようだ。

そういうことは女々しいとおとしめられているからなのではないだろうか。ひょっとすれば、それは亭主関白や武士文化などに影響されているせいなのかも知れない。そうだとすれば、そういった審美眼も伝統文化と絡み合ったりして、その根を伝統文化土壌に深く張り込んでいるのではないだろうか。

# 77 「藍より青し」について

人類の進歩の経路というと、二つ取り上げられるだろうと思う。即ち、時間軸に基づく縦型の進歩と、国同士の間における横型の進歩だ。前者は先人を上回ることを指して言うが、後者は先端に立っている国々を追い抜いたり、上回ったりすることを指して言う。

仮に、前者の進歩はスタティック（静態的）な物だとすれば、後者の進歩はダイナミック（動態的）な物だと見做してもよかろう。前者なら、一方通行のように動いていくので、その動きは割合に平和的だが、これに対して、後者なら、時には、激しくぶつかり合うことがあるので、その動きは劇烈的だろう。こうして、国同士の間においては、先を争ったりして、全く留まるところを知らずに、押し進んでいくといったパターンは、社会発展の一種の常態になっているだろう。

換言すれば、この類いの運動は丁度「青は藍より出でて藍より青し」との諺のような運動ではないだろうか。典型的な例としては、日本のことを取り上げられると思う。日本は東アジアの文明圏の縁に置かれているからといって、他の文明と擦れ違うことなく、ずっと昔から、その文明に恵まれてきた。

日本は地理的に東アジア文明中心としての中国から、近くも遠くもない距離に置かれているだけに、その文明圏の淵に置かれているにしても、社会進歩の足取りはあまり速くない昔では、中国大陸と隣接しているベトナムや朝鮮などの国々に比べれば、却って後発のメリットを充分に享受することができたかも知れない。

そのメリットと言うと、大陸と海を隔てている島国なので、大陸からの威力に晒されずに済んだことだ。また、その地理的に、「傍目八目」に必要な前提条件としての空間が与えられたので、冷眼で傍観したりする空間的な余裕のみならず、冷静に思考したりする時間的な余裕までできているわけだ。

よって、幸か不幸か、遠く離れた地理的なデメリットが、却って「傍目八目」によってもたらされてきたメリットへと見事に切り替えられた。即ち、親方を上回るために必要な地理的な条件が備えてあるからこそ、中国の近隣としての朝鮮やベトナムなどの国々と比べれば、「青は藍より出でて藍より青し」が可能なことだったのだ。

例えば、西洋文明を導入しようとする場合には、まず、紙面文献を本国の文字に訳しておかなければならない。この作業を行っている過程において、漢字語彙造りの特徴を上手く使いこなせるお陰で、数多くの和製漢語も生み出せたわけだ。そして、中国本土で訳された文句と比べれば、そういった新しくできた語彙は却って洋文の原義によりよく合っているようだ。それで、親方としての中国側の訳者に認められた上に、直接借用されることになった。

他の領域においても、「藍より青し」を展示する実績が大いに挙げられたのだ。これまでに度々触れたお箸、お豆腐、お醤油なども同じことを物語っているのではないだろうか。元々それらの原産地は共に中国だが、日本に導入された後、歳月の重なった洗練を経た結果、追い抜かれたり、上回られたりした。もしかすると、それこそ、日本の独特の歴史的な歩み方なのかも知れない。または、それは日本の「藍より青し」式の進み方の典型的な実例の一種の証明でもあるまいか。

# 78　「二の舞」のマズローの欲求段階説の視点

## はじめに

八〇年代の終わり頃、日本経済は最盛期に置かれていたとはいえ、同時に、バブルが弾ける直前にあった。周知のように、その後、日本は二、三十年にもわたる経済低迷期に陥ってしまった。そのせいか、日本は三十年もの時間を失ったとまで言われてしまったわけだ。しかし、日本は文字通りに三十年も失ってしまったのか。それを明らかにすることは、間違いなく、目下の中国経済にとって現実的な意義を持っていると思う。

### (1)　中国経済の現状

2023年に入って以来、中国の各マスメディアも国民経済の不景気のことで騒いでいる。「投資、輸出、消費」というトロイカは共に失速状態に陥ってしまい、経済全体にわたって、不景気に陥りそうだ。よって、「日本の二の舞を演じないのか」と懸念する声も国全体に響き渡っている。だが、例の日本経済の低迷と比べれば、中国経済の低迷は雑多な要因によるものだ。つまり、不動産バブルに限らず、地方債務や官僚汚職、低出生率などと多岐にわたって絡んでいるというわけだ。

## ⑵ 未来の予測

更に甚だしいのは、経済規模は改革以前の状態へと縮小していくだろうと予測する人も出てきているのだ。勿論のこと、そういった論評は、泡を吹かれるかのような大袈裟な経済事情によるものもあれば、中国にわざと泥を塗ろうとするといった企みによるものもある。本当に、そういった見込みはあるのだろうか。また、推論の根拠は何処にあり、読者の皆さんを納得させ得る論拠は何だろうか。この「三十年も失われた」とは、62章の「植樹と納涼」で指摘しているように、恐らく植木の報いとしての納涼のことに過ぎないだろう。目下流行っている言葉で言うと、即ち、所謂「横たわり」のことだろう。

## ⑶ 「横たわり」に必要な前提条件

それでは、中国の場合には、日本と同じように寝そべるための条件を備えてあるのか。定年退職を例にしてみればどうか。仮に定年退職の年齢を繰り上げるとすれば、それなりの経済的な余裕があるのかと問われるだろう。ここで言う余裕は物質だけでなく、精神的な物も含まれている。大前研一氏の書かれた著作『低欲望社会』の用語を借りて言い表してみれば、ここの「低欲望」は寝そべるための一種の心構えに当たるもののようで、即ち、心理の上での敷地に当たるもののようだ。つまり日本の「寝そべったままになる」ことを本当に真似すれば、生きて居られるのかということだ。

## ⑷「横たわり族」の現状

「横たわり族」と言っても、豊かな家柄を頼りにする人がいれば、自己努力で家計の自由にまで至っている人もいる。だが、何と言っても、そういった人達が占めている割合は低いので、多数派は「横たわり族」になろうとしても、とてもなれない勤労者の塊だ。というのは、生きていくには、肉体の上での需求を満たすための食糧のみならず、精神の上での需求を満たすための食糧もなくてはならないからだ。欲望度合いは、経済発展の置かれている段階あるいは欲求段階説の中の置かれている階層によって決められるのだ。換言すれば、低欲望を支えているのは経済発展の状況あるいは欲求段階説の実情そのものだ。

## ⑸マズローの欲求段階説の視点

需求は、マズローの欲求段階説によって、生理、安全、社交、尊重、自己実現などの五つに分けられている。前の四者は不足需求と呼ばれており、最後のものは増長需求と呼ばれている。実は、需求ごとの重みは経済発展段階によって異なっている。九〇年代前後、日本の一人当たりの収入は既に四万ドルを上回っていることで、不足需求段階を早々に跨っていたことが揺るぎない事実である。それに応じて、元々激励動力とされていた不足需求の足取りは既に下り坂へと向かう一方だったので、低欲望を示している行動方式の一つとして寝そべることになるのも無理はなかった。

## ⑹ 日本式の低欲望

欲望が低いと言われたにしても、「自己実現」との増長需求は不足需求より優先位置を占めているだけだった。よって、低欲望が揶揄されているにしても、「増長需求」との欲望だけが欠如していたのだろう。これに対して、中国の多数派はまだ「不足需求」との段階に置かれているという有様だ。そして、その相当の割合は生計を立てるだけでも、精一杯だ。国全体からすれば、中等収入の罠の前に足を止めるのか、又はその罠を跨ごうとするのかということは、国全体が置かれている経済状況を表している。即ち、「横たわり族」になる立場ではない。よって、この点にかけては、日本の二の舞を演じるということは、全くあり得ないことだろう。

## ⑺ 国民欲望の現状

上述した経済状況の下で、生活の改善や向上などを追い求めようとする願いあるいは欲望は崩されない限り、寝そべるどころか、向上しようとする意欲は更に高まるに違いない。つまり、中国の場合には、心理の上での土台としての低欲望は普遍性を持っていないということだ。

よって、寝そべるなんてことは明らかに不可能なことだろう。というのは、数十年にわたって高度成長を続けてきたにもかかわらず、未だに国民の多数派が不足需求の段階を彷徨っているところなので、ゆとりのある生活を送るための経済的蓄積度合いは相変わらず寝そべるには足りないからだ。

## ⑻ 結び

総じて言えば、日本の場合には、「増長需求」という欲望が足りないにしても、既に「不足需求」段階を過ぎ去ったおかげで、前者は寝そべるための精神的な敷地になっており、後者は寝そべるための物質的な土台になっている。よって、寝そべったままになったにしても、生活における何の妨げにもならないわけだ。これに対して、中国の場合には、「不足需求」の段階に置かれている国民の多数派は生存からの各プレッシャー（圧力）に迫られて、生計を立てるだけでも、精一杯な毎日に追われている。よって、横たわるという余裕は殆どないに等しい。

# 79 「二の舞」の三面等価の原則の視点

## はじめに

「日本の二の舞を演じないのか」については、前章で、「マズローの欲求段階説」の視点から、検討を行った。次に、前章で触れた「経済規模の縮小のこと」について、本章では経済学の「三面等価の原則」の視点から、検討することにしよう。その狙いは「日本の二の舞をどのようにして避けるのか」および、「中等所得の罠を如何に抜け出すのか」、また、「経済規模が縮小されていくだろうとの予測や企みなどにどうやって乗らずに済ませるのか」という「一石三鳥」を達成させようとすることにある。

### (1) 三面等価の原則

六〇年代の末期、日本は既に米国に次ぐ経済大国になっていた。世界の注目の的になるほど、その高度成長を成し遂げたのは開放的な経済体制のもとで、国内生産能力は国内消費能力を遥かに上回っていたことのおかげだと言ってもよかろう。というのは、三面等価の原則によれば、総産出＝総収入＝総支出になるからだ。ここの総支出は総消費に当たるものだ。総消費は国内消費だけでなく、国外消費も含んでいる。生産能力が消費能力を上回ったその部分は、結果としては国外消費に吸い込まれるわけだ。

## (2) 自由貿易のメリット

俗語で言われている通りに、人は過剰な収入がなければ、金持ちになれないはずだ。生産能力と消費能力との間のギャップが、海外需要によって埋められるその部分は対外輸出に相当するものだ。どこの国でも、開放的な経済体制の下でさえあれば、有無相通ずるメリットを享受することが可能になる。このような国際貿易システムのお陰で、要素賦存の比較優位をもとにして、資源有効利用を最大化にすることも可能になるわけだ。

## (3) 議論の切り口

周知のように、国外消費は国内消費不足部分を穴埋めをするというふうに、総収入、総産出の絶えざる増大の趨勢を確保する役割を果たしているわけだ。仮に、総産出、総収入、総支出の三者をそれぞれ川上、川中、川下に例えてみれば、三面等価の原則を踏まえて、その三者が等価であることが分かっている以上、国民経済のような川の流れの川下に置かれている総支出を切り口として、検討を推し進めてみればどうか。

## ⑷ 多国籍資本の本質

中国の場合には、近頃、海外投資の流失のせいか、雇用情勢が厳しくなっている。数多くの学者によって指摘されているように、雇用コストが上昇してきたが故に、多国籍企業は渡り鳥のように利潤の最大化を追求するために世界中を飛び回る資本転移を加速化することになる。それは多国籍資本の本質の然らしめることだ。よって、多国籍企業が逃げ去るかのような資本流失に対して、文句をいくら言っても、何も始まらないが、実は、その余計な懸念はしなくてもいい。諺で言えば、「兵が攻めてくれば将が防ぎ、大水が出れば土で塞ぐ」。だが、要はその残りの穴をいかに埋めるのかが問題である。例えば、米国のアップルのようなＩＴ大手企業に撤退されたにしても、その代わりに、国内の華為のような大型ＩＴ企業が登場するならば、その穴は埋められ得るはずだ。

## ⑸ 有効需要は如何に作り出されるのか

「水源を開発して水の流失を抑制する」との用語を借りて、より深くその話題を深掘りすることにしよう。それは総支出と密接な関係がある。一言で「総支出」と言っても、その総支出から、総収入、また総産出を引っ張る牽引作用は次の「水の流失の抑制」と「水源の開発」の二つから具現化されるのだ。ここの水源の開発は有効需要を作り出すことを指していうことだが、ここの水の流失の抑制は単に節約することを指して言うのではなくて、流れっぱなしになっている水道の蛇口を閉めることを指して言うのだ。まず、流失のところから、議論を始めることにしよう。

## ⑹ 株市場秩序の整備

金融資産のマイナス効果の予測を食い止めるための対策としては、①上場企業が持株を不法現金化する行為を禁止すること、②取引情報の不対称状況を一掃するための情報公開制度を整備すること、③中小株主の利益を保護するための上場企業の詐欺行為の厳罰を制度化すること、そして④株価の歪みを是正するための株の全流通の措置を執ることなどが取り上げられるわけだ。このようにして、金融資産のこれまでのマイナス効果の予測をきっと堰き止められ得るだろう。

## ⑺ 株市場の規範化からの総支出への響き

というのは、「⑸」で触れた水道の蛇口から水が流れっぱなしになっているように、金融資産の縮小から、日常生活の出費を綿密に練るといった皺寄せがもたらされるからだ。公正、公開などの原則を踏まえて、証券市場をきちんと整備しておけば、これまでの金融資産マイナス効果の足取りを食い止めることになる。そうすれば、その分だけ、消費意欲を盛り上げられることで、その結果としては、国民経済のような川の流れの川下に置かれている「総支出」に影響を及ぼすことになるだろう。

## ⑻ 福祉充実の政策

「⑹、⑺」は「水の流失の抑制」だとすれば、次の「⑻、⑼、⑽」は「水源の開発」だと見做されてもよかろう。例えば、福祉充実の措置として、老後保障制度、医療保障制度、教育保障制度などを整備することである。このようにして、国民の後顧の憂いを一掃することで、家計の上での余計な節約及び自己保障のための貯蓄などの必要性も無くなるわけだ。そうすることによって、消費能力を引き上げられることもできるだろう。もしそういった3点組合の保障制度がしっかりと叩き込まれていれば、これまで自らの保障に使われてきたその貯蓄は旅行、娯楽、生活などの日常消費へと回されるようになることが想像付くだろう。

## ⑼ 福祉充実のための出費

その出費は大まかに言えば、二つ取り上げられる。まず、土地の譲渡金と国有企業の利潤は一定の比率で福祉充実に回されればいい。何故ならば、土地にしろ、国有企業にしろ、所有権からすれば、「全民所有制」と呼ばれている以上、文字通りに共に国民全体に所有されるべきものだからである。よって、福祉充実に回されるには、その正当性が十分あるわけだ。また、賄賂を貪る汚職官吏から没収した不法所得を福祉充実に充てればいい。元々そういった財産も国民に所有されるべきものであるし、法律上からしても、その不法所得を福祉充実に充てることは適「財」適所ではなかろうか。

### ⑽ 貧困層への再分配措置

富裕層から貧困層へ再分配するための税制改革によって、必ず消費のてこ入れをするに違いない。政策上に限らず、貧困状態に陥っている人々に救いの手を伸ばしたりする慈善に満ち溢れた思いやりを育成・宣伝する社会風土をしっかりと叩き込むことも、看過されてはならないことだ。その影響のもとでは、寄付・寄贈・贈与などの行為は、富裕層が自らの意思に基づいて行動を起こすようになるに違いない。そうすれば、再分配の効果がもたらされ得るのみならず、収入格差によるトラブルも緩和されていく一方だろう。

### ⑾ 結び

ここまで議論してきたことのおかげで、次のようなことが明らかになった。その国民経済のような川の流れの川下から川中へと、また川中から川上へと波が押し寄せるように、その影響力は及ぼされていくわけだ。つまり、まず総支出は総収入を呼び出し、次に、総収入は総産出を呼び出したりするというわけだ。このようにして、国民経済の規模が縮小されるどころか、きっと拡大されていく一方だろう。

また、高齢化が進んでいる今日では、老後保障費用は次第に膨張しつつあることが想像つくことだろう。よって、経済発展の足取りは後退するどころか、足踏みするにしても、とても間に合わないことが現実だろう。三十年も失われた日本は後退したのか、足踏みしたのか、どちらにしろ、「⑺、⑻、⑼、⑽」で示したような組合式の消費てこ入れ措置は徹底的に貫徹されておきさえすれば、「二の舞」から抜け出せるに違いない。

それのみならず、「⑷」で述べられたように、輸入代替を順調に進めていけば、産業の格上げによる収入倍増も「棚から牡丹餅」ではなかろうか。そうだとすれば、「中等所得の罠」から抜け出すのも夢ではないだろう。よって、「経済規模の縮小」という懸念もきっと知らず知らずのうちに消え去るだろう。

# 80　この先生とあの先生

二十年ほど前から、中国大陸では、「先生」という呼名が流行ってきているようだ。もしかすると、それは、我が国民が持ち上げられることを好んでいることと関連があるのかも知れない。勿論のこと、その呼名は、相手を敬う場合に、使われることが多い。そうだとすれば、尊敬語として取り扱われてもよかろう。だが、それは職業とも、学識とも、関わりがなさそうだ。ひょっとすれば、孔子が唱導していた理念と関わりがあるかも知れない。

孔子によると、「我三人行えば、必ず我が師を得る。その良き者を選びてこれに従う。其の善からざる者にしてこれを改む」。ここの「師」の中身は学識ではなく、見識あるいは長所だと受け止めた方が適切だろう。中国の諺によれば、いくら利口な人でも、使い道によっては、尺も短い場合があり、寸も長い場合があるということだ。

そして、実は、それは厳密な尊敬語でもなさそうだ。例1で示されているように、電話でやり取りする場面、「こちらは何々先生です」との用例はよく耳にするだろう。だが、その使い方は明らかに日本語の敬語のルールに背くものだろう。

例

第一人称は、＋自分の苗字、＋先生（さん、様）です

日本語の敬語の正しい使い方からすれば、自分の苗字に「さん、あるいは様」などの尊敬を示す接尾語を付けることは絶対に許されないことだ。だが、何故、こんなことになってしまったのか。日常生活の中において、あまりにも、ややこしくて、面倒くさいと思われていたせいか、時代の移り変わりに伴って、徐々に、今日のような別種の使い方が定着してきたようだ。

それに対して、日本の場合には、「先生」という呼名は社会地位の表れのことのようだ。例えば、政府の官僚、政治家、学校の教師、病院の医者、それから弁護士などのような職業に就く社会的エリートの塊だ。それだけに、そういった職業以外の人が先生と呼ばれたら、時には、怒りを込めて「俺は先生と呼ばれるほどの馬鹿ではない」との文句を言って反発することすらあり得るだろう。

相手のことを敬おうとするくせに、相手の身分をわきまえないので、相手に恥を被らせるか

のような気まずいことにぶつかるのも当たり前のことだろう。よって、意外なことに、尊重からスタートするのに、結果としては、相手の気分を損なったことになる。それは豊満な理想と骨感覚的な現実の乖離の表れではなかろうか。

中国においては、喜んでその呼び名を受け入れる現象と対照的に、日本の場合には、強烈な拒絶反応を招きがちになるのだ。日本のように規範化された社会においては、社会的エリート専用の呼名を無理矢理に自分に押し付けられるならば、誉め讃えられる光栄のことだと受け止めるのではなく、被らせられる恥のことだと受け止めることなので、反発するのも当然のことだろう。

受け止め方はやはり国によって違う。一方はメンツが立つことだと受け止めるが、他方は恥が与えられることだと受け止める。また、一言で「先生」と言っても、中身は随分異なっている。一方は尊敬語でもありそうで、そうでもなさそうだ。他方は社会的地位に合わせて、それなりの尊重を与えている。知らないうちに、その裏に、社会的な秩序が潜んでいるのではないだろうか。よって、乱れは絶対に許され得ないことだ。

# 81　表と裏、偽と真

66章の「キャラクター本位主義」で、日本人の演技について触れた。だが、もし、長期にわたって、キャラクターに浸っていたら、真の自分に戻れるのかという懸念も生まれるだろう。特に仕事の場合には、顧客や同僚、または上司などと接触する際、仮面をかぶることが常態化している。そのような二重人格あるいは人格分裂を成す裏のロジックあるいはその道筋は一体何だろうか。

道筋の見取図1
沈黙は金↓話術↓曖昧↓独り言

日本人はずっと昔から、「沈黙は金」を尊崇してきたそうだ。それは「口は災いの元」という考えによるものだと言ってもよかろう。というのは、口数が多ければ、本音が必ず出るとは限らないからだ。だが、黙ろうとしても黙れない場合もあるから、口を開いても本音を出さないような、テクニックが必要となってくる。ご存知のように、その必要性から、日本の独特な表現方法である「曖昧」も時運に乗って登場することになった。実は、その表現方法は本音を隠すためだけでなく、人と人との間のトラブルを免れるためでもある。しかし、話はこれだけでは済まない。もし、もう一歩進んでいけば、どうなるだろうか。

元々、言葉はコミュニケーションを行うためのものだ。だが、テレビドラマにしろ、小説にしろ、一人しかいない状況で、ある人がぶつぶつ喋るシーンをよく目にするだろう。そうした場合、言語コミュニケーションの持っている基本的な機能が失われているのではないかと疑問に思うかも知れない。会話している相手が、誰もいないならば、そう受け止められるのも当然のことだろう。ここで一つの仮説として挙げられるのは、目に見えない相手とのコミュニケーションは可能だということだ。例えば、肉体の自分と精神の自分との間で交流する「独り言」だ。この独り言こそ、真の自分から発した真の心の声だと思われる。

ある日、賃借した部屋のすぐ隣から、意外にも、笑い声が聞こえてきた。その隣の部屋には、若者が一人でしか住んでいないのに、妙な笑い声が何故聞こえてきたのか。普段は、人が居るかどうかは分からないぐらい、静かだった。音が聞こえてこないので、多分イヤホンを使ってテレビを見ていたのだろう。これは、周りの人に迷惑を掛けたくないが、同時に自分も迷惑を掛けられたくない念入りな心配りの表れなのだろうか。もしかすると、これこそ、真の自分なのかも知れない。だが、東京都内においては、このような部屋は数えきれないほど多く存在している。

そんなところからも、日本人が静かな所にいることを好むという質は、多かれ少なかれ理解され得るだろう。それと同時に、裏の日本人、或いは真の日本人の像をリアルに浮き彫りにしているではないだろうか。見取図1で示されているように、日常生活の必要性から、「独り言」現象が生まれてきた。また、その現象から、そういった数多くの生活実例をまとめた「独り言」用の文法現象「まぁー、なぁー」までできている。「芸術は生活によるものだ」というように、言語学の一つとしての文法も生活によるものではないだろうか。

実は、「曖昧な表現」より、「独り言表現式」の方がよりよく本音を隠すための働きを果たす。その上、「独り言」という言語行為はストレスの捌け口としての効用も持っているらしい。こうして、「沈黙は金↓話術↓曖昧↓独り言」という経路を辿って、「表の自分」と対照的に、「裏の自分」が孕んでくるわけだ。それは子供の世界の「真」に対して、大人の世界の「偽」そのものの表れではないだろうか。だが、この「独り言」という言語行為は「真の自分」を堅守するための最終的な防御線のようなものではないだろうか。同時に、自分のために、多かれ少なかれ最後の沽券を保つことでもあるだろう。だが、その良し悪しを問わず、この「偽」を抜きにしたら、一人前の社会人が生まれることはあり得るのか。あえて、それを「悪」とするならば、それはこの社会にとっても、必要な悪ではなかろうか。